話し手・聞き手と言語表現

開拓社
言語・文化選書
101

話し手・聞き手と言語表現

語用論と文法の接点

吉田幸治 編

金澤俊吾
鈴木大介
住吉　誠
西田光一
吉田幸治 著

開拓社

は　し　が　き

　学術研究には満たすべき要件があります。客観的事実を集める
ことから始め，集めたデータに対する観察を行い，この観察に基
づいて問題点・課題を見つけ出します。さらに，見つけ出した問
題点・課題を解決するための方法を模索し，説明方法を考えてい
きます。そして，この説明方法を一定量集めた後に，可能であれ
ば何らかの一般化を図ります。次はその一般化の検証です。検証
がうまくいったとしてもそれで終わりではありません。さらに対
象を拡大して，その一般化が正しいかどうかの検証をより深く行
う作業が続けられていきます。

　言語学も例外ではありません。多くの実例をもとにして，深く
観察することで対象に対する理解を深めながら，説明・一般化・
検証作業を進めていくことになります。

　あえていうまでもないことですが，言語学は自然科学ではな
く，経験科学の一種です。経験的事実を研究対象として実証的に
法則性を探り出そうとするのが正しい接近手法となる学問分野な
のです。

　分野の細分化に関していえば，言語研究には音声学，音韻論，
形態論，統語論，意味論などの下位分野があり，さらにそれぞれ
の下位分野において多種多様な接近手法が存在しています。自明
なことのように思われるこうした区分ですが，個々の境界がかな
り明確になってきたのは比較的近年のことで，かつての生成意味
論のように，こうした境界を意図的に無視する立場からの研究も

少なからず存在します。

　しかし，文法研究においては統語論・意味論・語用論は明確に区別がなされるべきであり，とりわけ意味論的な省察と語用論的な省察を混在させることは誤解を招きやすく，研究価値を下げるような事態を生じさせることがあるので注意が必要です。

　本書のように，語用論的な視点から文法研究を行うこと自体は目新しいことではなく，英語の語法研究においても文脈と背景知識を積極的に取り込むことで多種多様な表現の性質が明らかになってきています。

　本書は 2018 年 5 月 20 日に東京女子大学で開催された日本英文学会第 90 回大会において，「話し手・聞き手と言語表現——語用論と文法の接点——」と題して行われたシンポジウムの内容を中心に，語用論的な側面を重視した研究 5 編を収めたものです。

　第 1 章の「「文化的タテマエ」と文形式の選択」は言語形式の選好性について考察しているものです。ここでは文化的タテマエという概念が重要なものとして援用されます。

　第 2 章の「英語の名詞句にみられる構成素の省略について」は名詞句内の構成素の一部が省略される現象について，談話と動機付けについて考察しているものです。ここでは英語の興味深い現象が考察されます。

　第 3 章の「語用論と文法の接点からみる「脱規範」」は本来的には不必要であると考えられる付加的な that を含む二重の that が現れる現象を豊富なデータを用いて考察しているものです。ここでは表現が例外からパターン化される仕組みが説明されています。

　第 4 章の「副詞が生む語順の多様性とその伝達的機能」は法副詞の文中における主要な生起位置についてそれぞれの働きを考察しているものです。書き言葉の特性に対しても興味深い指摘が示されます。

　第 5 章の「英語の談話照応における代名詞と定名詞句の機能分担」は英語の 3 人称代名詞と定名詞句は別の機能を担うことが示されるものです。ここには照応研究と英語学習の関係についての示唆に富む考察も含まれています。

　全ての学術的研究はある意味で「生もの」であり，上記シンポジウムからかなりの年月が経過してしまっていますが，これは編者の吉田の怠慢によるものであり，この点について関係諸氏に多大な迷惑をかけてしまったことに対してこの場を借りて謝意を表したいと思います。

　末筆ながら，英文学会のシンポジウムにご参加いただき，我々の研究に対して関心を持っていただいたうえで，本書の出版を引き受けていただき，編集面においても多大なるお世話をしていただいた，開拓社出版部の川田賢氏に深くお礼を申し上げます。

　2023 年 5 月

吉田　幸治

目　　次

第 1 章

「文化的タテマエ」と文形式の選択[*]

吉田　幸治

[*]　本章は 2018 年 5 月 20 日（日）に東京女子大学において開催された日本英文学会第 90 回大会シンポジウム第十一部門「話し手・聞き手と言語表現─語用論と文法の接点─」において口頭発表したものに加筆訂正を施したものです。発表当日重要な意見を頂戴した岡田禎之先生にこの場を借りてお礼申し上げます。

1. はじめに

本章における研究の目的は，「文化的タテマエ (Polite Fiction)」という概念を援用することによって，表現形式の選好性を考察するものです。「文化的タテマエ」とは，Sakamoto and Naotsuka (1982) において導入された概念で，特定の共同体内において共有されている価値観のなかで，肯定的かつ当然の行動規範として固定化され，通常はその共同体のなかにいる人々にとっては無意識なものとなっているものを指します。

この「文化的タテマエ」は様々な行動に影響を及ぼすものですが，言語使用に限った考察においても興味深い結果をもたらします。たとえば，米語では直接的な表現が好まれ，日本語では尊敬語などを含めた婉曲表現が好まれますが，これは「文化的タテマエ」の影響によるものとみなすことが可能で，同様に，自動詞・他動詞の選択，能動文・受動文の選択，モダリティ表現の出没なども「文化的タテマエ」と関連があるものとして分析することが可能です。

本章の構成は以下の通りです。2 節では文化的タテマエを少し詳しく紹介し，日本語文化圏と英語文化圏の違いを確認します。3 節では文化的タテマエが言語表現にどのように反映されているのかに関して考察を行い，4 節では日本語と英語の発想の違いにおいても文化的タテマエが関連していることをみます。5 節はまとめです。

2. 文化的タテマエとは

2.1. 異文化に接すること

日本で働く米国籍の人たちと話をしていて，しばしば次のような質問をされることがあります。

(1) a. Why do Japanese people love meetings so much?
   （どうして日本人はあんなに会議が好きなのですか）

   b. Some Japanese who speak a lot in a drinking session often become silent in a meeting. Why?
   （飲み会では多弁な日本人が会議では黙っていることがよくあります。どうしてですか）

こうした質問に対して，個別に様々な意見や自説を述べることは可能ですが，少々頭を捻って回答したところで，質問者が納得してくれることは稀なことです。むしろ，さらなる質問が繰り返されて辟易とすることの方が多いように思われます。

こうした経験が限定的な環境で暮らす人にとっては，このような質問に対してその場しのぎの回答でやり過ごすこともできるでしょう。しかし，日常的に複数の外国人と接する機会が多く，何度も繰り返して同様の質問をされるとしたら，それはかなり困惑する状況となってしまうでしょう。

日本人の多くは「ま，そういう人の質問はなんとかごまかしておけば良いのでは」と考えそうです。なぜなら，日常の場面で他者から尋ねられる質問の多くはそれほど重要なものではないと捉えられがちだからです。そのため，データを収集して分類・分析を行い，正確な回答を与えるための努力を重ねるということをす

る人などまずいないでしょう。

とはいえ，実際には質問する側の外国人にとってはかなり切実な問題です。「異文化間の衝突」はその場における多数派にはそれほど苦痛が感じられませんが，その場の少数派にとってはかなりのストレスを感じさせるものであり，病気の原因になることもあるぐらいです。[1]

そこで「異文化理解」というタイトルを含む書籍を探し出してそれらのいくつかを読んでみることにしましょう。そこには次のようなことが書かれているかもしれません。[2]

(2) a. 日本では家のなかに入る時に靴を脱ぎます。これは日本人には「ウチとソト」の意識・区別が強くあり，家のなかはウチであり，帰宅時にソトからウチへの意識の切り替えが生じることの現れなのです。

b. 日本の会議では年長者または功労者から発言することが認められ，若い人や新参者の発言は後回しにされます。これは今でも日本には儒教的な年功序列の考え方が根強く残っているからです。

(2) は一見納得のいく説明のように思われます。表面的な現象の背後に潜んでいるものを説明しているように思われるからです。

---

[1] 筆者の知り合いに日本の大学教員になって以降 10 年間ほど原因不明の下痢に悩まされたという経験のある米国人がいます。実は日本文化への適応がうまくできていなかったらしく，帰国すると毎回ピタリと下痢がおさまっていたそうです。その後日本人の伴侶を得て日本文化を寛容に捉えることができるようになって以降は下痢をしなくなったそうです。

[2] (2) は実際に何らかの書籍に書かれているものではなく，筆者が創作したものです。

　では，この説明を英語に訳して外国人に説明すれば，彼らは納
得してくれるでしょうか。答えは No です。なぜなら，(2) の説
明だけでは原理だった説明 (principled explanation) にはなって
いないからです。日本人には少ないのですが，欧米の人には
why で得た回答に対してさらに why を次々と積み重ねて原理を
突き詰めようとする傾向の強い人が多いのです。[3] 好奇心そのも
のの強さという点では日本人と欧米の方々で大きな違いはないの
ですが，どこまで突き詰めて考えるかという点においては，日本
人は少し弱い傾向があります。それは日本の文化に「遠慮」を重
視するということがあるからかもしれません。[4]

　ここまで見てきた重要なことをかなり強引に箇条書きにしてお
きますと，次の (3) のようになります。

(3) a. 異文化が衝突することがあり，場合によってはそれ
　　　　が当事者にとって過大なストレスとなることがある。
　　b. 異文化理解を標榜する書籍には表面的な観察に終始
　　　　しているものが少なくない。
　　c. 欧米では異文化間にみられる行動差異を原理的に突
　　　　き詰めて考えようとする人がいる。

　こうした観察は著者の独創でもなんでもなく，海外旅行や留
学，海外赴任などで異文化に触れる機会がある人ならば多少なり

---

　[3] 海外旅行をしていて，現地の人から日本のことについて質問攻めにあっ
たという経験をした日本人は少なくありません。筆者もかつて英国の湖水地
方で出会った現地の人に日本の文化について多種多様な質問をされた経験が
あります。
　[4] 遠慮については後ほど改めて考察することになります。

とも感じることがあることでしょう。

　では (3) のような観察を学術的にはどのように処理していけば良いのでしょうか。これに対する一つの解答が以下に示す文化的タテマエという考え方です。

2.2.　文化的タテマエ

　異文化理解教育という学術分野があります。近年ではその存在が当然のように思われていますが，半世紀ほど前まではあまり広く知られているわけではありませんでした。この分野では名称の通りに異なる文化の内容をわかりやすく伝えることに主眼が置かれており，特定の価値観を押し付けるものではありません。

　日本の教育全般にいえることだと思われますが，宗教と政治の問題にとどまらず，特定の価値観を伴う判断・知識を教えることはある種の禁忌事項となっているところがあり，その結果として，日本で異文化理解教育を行う場合には現象の羅列に終始することが多くなっています。受験対策などの単なる知識としてはこれで十分かもしれませんが，学術的な価値としては不十分であることは否めません。

　そうしたある種の「食い足りない」と思われる側面に対して一定の方向性を示してくれると思われるのが「文化的タテマエ」という概念です。文化的タテマエとは直訳であれば「礼儀的虚構」となる英語の polite fiction を，その意図するところをわかりやすくして和訳したものです。

　英語の polite fiction という句表現の学術分野における初出は Burns (1953) とされていますが，その後この句が学術論文において多用された形跡はみられません。

polite fiction という句が具体的な血肉を与えられ，少なくとも日本国内において注目されるようになったのは Sakamoto and Naotsuka（1982）が出版されたことによるものです。

Sakamoto and Naotsuka（1982）は大学における英語の教科書として出版されたものですが，その内容は今日においても色褪せることのないものです。以下，少し詳しく解説することにします。

2.3.　Sakamoto and Naotsuka（1982）

Sakamoto and Naotsuka（1982）（以下 S&N と略します）では文化的タテマエを以下のように定義しています。

> (4)　ある文化のなかで，一般的に"礼儀正しい"と考えられている行動をするためには，その文化に属している個個人の心情とはかけ離れた"見せかけの演技"をしなければならない。ホンネとは関係のない「文化的タテマエ」を演じなければならないのである。これが"polite fiction"の中味である。
>
> (Sakamoto and Naotsuka（1982: i-ii))

ここで述べられている"見せかけの演技"とは，日本語であれば次の（4）のような事実とは異なる発言を多用するという例がわかりやすいでしょう。

> (4) a.　おかげさまで。（それほど世話になっていない相手に対して発することが珍しくない）
>
> b.　お邪魔します。（本当に邪魔なことをする人はいな

　　　　い）

　　c. 何もお構いしませんで。（茶菓に加えて夕食を出して
　　　　くれている場合にでも使用されることがある）

要するに社会生活において，大人であれば儀礼的な発話と行動を
求められる場面・状況が珍しくないということです。

　さらに S&N は次のように続けています。

　　(5) しかし，我々は，日頃，その存在を意識していない。
　　　　それは，水か空気のようにごく自然に，我々の生活に
　　　　溶け込んでいるからだ。裏返してみると，我々の行動
　　　　は，無意識のうちに polite fiction に規制されていると
　　　　も言える。　　　　　　　(Sakamoto and Naotsuka (1982: ii))

ここで重要なのは無意識であるという点です。貧乏ゆすりや頭を
掻く，爪を嚙むなどといった行動が無意識であることは容易に理
解されるでしょう。しかし，こうした個人の癖だけではなく，
様々な集団において共有される規範的行動などもその多くは無意
識になっているものなのです。もう少し具体的に説明しましょ
う。

　歯磨き，入浴など日常的に繰り返される行動には，通常一定の
手順が含まれています。歯磨きであれば縦磨きと横磨きがありま
す。磨く順番も上下左右の奥歯，上下の前歯，それぞれの裏と表
があります。入浴の場合，身体から洗う人と頭髪から洗う人に分
かれます。身体を洗う場合でも，どこから洗い始めるかに関して
は個人差があります。また，浴槽にお湯をはっている場合，①身
体を洗ってから浴槽に浸かる人，②身体を洗う前に浴槽に浸かる

人，③身体を洗う前後に浴槽に浸かるという三つのパターンがあるようです。

　興味深いことに，こうした一連の動作は，最初期にはかなり意識的に行われているにも関わらず，数週間，数ヵ月間，数年間にわたって同一の行動を繰り返すことによって習慣化する過程を経て，いつしか無意識の行動に近いものとなります。

　もちろん，毎回歯磨きする歯の順序を変える人，毎回入浴時の身体を洗う順序を変える人もいます。しかし，そうしたパターン化した行動が少ない人であっても，普段何らかの無意識化された行動をしているはずです。

　文化的タテマエの興味深いところは，人は閉じられている特定の文化圏内で長期間生活をすると，そこで好まれる特定の価値観と行動様式を学び，いつしかそれが無意識なレベルのものにまで昇華されてしまうということです。

　そのため，結果として次のような状況となります。

(6) a. These fundamental polite fictions, which are closely interrelated, make up a logically consistent psychological world which unconsciously shapes and influences everything we feel, think or do.

　（こうした基盤となる文化的タテマエは，相互に密接に関連しているがゆえに，我々が感じることと考え行動するあらゆる事柄を無意識に形作るとともに影響を与えている論理的に首尾一貫した心理的世界を形成するものなのです）

b. It is important to remember that polite fictions don't normally function at the conscious level.

（文化的タテマエが普段は意識されるレベルで機能しないと
いうことを覚えておくことは重要です）

(Sakamoto and Naotsuka (1982: 4))

譬えていうと，いったんしっかりと装着した色めがねはいつしか
装着していることを忘れてしまうということなのです。

　このように文化的タテマエは無意識なものなのですが，これが
まさに「異文化間衝突」を引き起こす原因となります。つまり，
文化的タテマエ自体が無意識なので，そこから導き出される行動
も当然のことながら無意識なものとなります。

　結果的に「悪気はないのに」ということになるのですが，実は
悪気のない行動ほど相手にとっては厄介なものはありません。当
の本人は良いことだと思っているので，なかなか改めることすら
できないからです。

　また，自分の文化的タテマエでは「良い」と考えられているも
のが，別の文化では全く無価値の文化的タテマエであるというこ
とも珍しくありません。人は相手の理解が得られない場合，それ
を侮辱されたものとして受け止める場合があり，それがさらに激
化・悪化することで争いのもとになることがあります。このよう
にして，残念なことに文化的タテマエが最終的に攻撃性を伴う行
動を誘発する原因になってしまうこともあります。

2.4. 文化的タテマエの具体例

　文化的タテマエの定義と背景について説明しましたので，具体
例をみていくことにしましょう。

　S&N が最初の文化的タテマエとして挙げているのが次の（7）

です。(7a) が米国の文化的タテマエで，(7b) がそれに対応する
日本の文化的タテマエです。平等性を肯定する文化としない文化
といえるかもしれません。

(7) a. You and I are Equals.
　　　　(あなたと私は平等です)

　　b. You are My Superior.
　　　　(あなたは私より上位の人です)

(7a) が関連する米国人の行動として挙げることができる代表的
なものとして，近親者を紹介する場合に長所を躊躇うことなく伝
えるということがあります。米国では配偶者を紹介する際に自慢
できる箇所があれば遠慮なく話題にします。

　他方，日本人にとっては (7b) が文化的タテマエとなっている
ために，自分の配偶者をほめるような発言は極力避けて，事実と
は異なることを伝えることが美徳とされます。それゆえ，美人の
妻がいても「うちの家内はあまり美しくないのですが」という発
言を前置きとして添えがちになります。いわゆる謙遜が美徳とさ
れる背後には (7b) があるのです。

　こうした違いは米国人には誤解を招くもので，美しい妻のいる
人が上述のような発言をすると，「どうしてこの人はこんなウソ
を言うのだろうか」と思われることになります。

　二つめの文化的タテマエは次のものです。(8a) が米国人に，
(8b) が日本人に固有のものと考えられているものですが，他者
との親密度に関するタテマエといえます。

(8) a. You and I are Close Friends.

　　　（あなたと私は親友である）

　b.　I am in Awe of You.

　　　（私はあなたに畏敬の念を抱いています）

(8a) の具体例としては，米国において年齢差と社会的地位とは無関係にファーストネームで呼び合うということが挙げられます。日本ではあり得ないことですが，米国では小中学生が近所に住む老人をファーストネームで呼ぶことは珍しいことではありません。

　また，米国では日本人ならば場違いとしか思えない場面や状況において冗談を言うということがあります。たとえば，会社の重役会議や記者会見などにおいて，芸能人は別にして，日本人ならばまず冗談は言いませんが，欧米の企業・団体においては会議中でも記者会見などでも冗談から始めることが一般的です。

　他方，(8b) は日本人に「目上の人は敬え」「自分よりも地位の高い人には気を遣うように」という行動を強いることになっており，年配の人に愛称で呼びかけることや重役会議で冗談を飛ばすなどということはありません。年配の人に対しては敬語・丁寧語を用いるのが普通の状態で，会議では必要以上の発言は慎むことが求められます。

　また，(8) にみられる日米の違いは「心理的距離」の違いとして捉えることも可能です。米国では他者との心理的距離をできるだけ近づけようとして文化的タテマエが機能しますが，日本では心理的距離を一定距離のままで維持するか，場合によっては一層

距離を取ろうとするように文化的タテマエが機能します。[5]

　三つ目の文化的タテマエは言語表現より対人行動において現れやすいものです。(9a) が米国，(9b) が日本のものです。

(9)　a.　You and I are relaxed.
　　　　　（あなたも私も落ち着いています）
　　b.　I am Busy on Your Behalf.
　　　　　（私はあなたのために忙しい）

インタヴュー番組などで頻繁に目にすることですが，米国では取材を受ける側が大きなソファーに深く腰を掛けて，足を組むなどしていかにも「私はこんなにリラックスしています。」といった風に振る舞うことがあります。余裕を示すために，身振り手振りが加わることも散見されます。同様に，慌てたり急いだりすることは余裕のない行為と見做されるので，米国ではできるだけ落ち着いた行動を取ることが賞賛されます。

　一方日本では，不特定多数の人と顔を合わせるような状況下では，必要以上にかしこまった態度を示す人が多く，共同インタヴューなどでも笑顔を振りまくということはありません。[6]

　(9b) が機能する顕著な場面は客をもてなす場面であると思われます。自宅に会社の同僚や友人などを招いて食事を準備する際に，目に見えるようにせわしなく作業を行う家族がいることは珍

---

[5]　心理的距離は指示代名詞の選択とも関連します。このことは後ほど改めて考察します。

[6]　この場合でも，芸能人が笑顔を振りまくようなこともありますが，一般に芸能人の行動と親しい友人の集まりなどにおける行動は例外的なものとみなすべきだと考えられます。

しくありません。忙しさを見せることによって,「私はあなたのためにこんなに忙しくしているのですよ」ということを示そうとしていると思われます。[7]

　四つ目の文化的タテマエは他者への依存度に関するもので,(10a) が米国,(10b) が日本のタテマエです。

(10)　a.　You and I are Independent.

　　　　（私とあなたは互いに自立しています）

　　　b.　I Depend on You.

　　　　（私はあなたに頼っています）

(10) は昔からよく言われている,次のような人間関係の説明にもつながるタテマエです。人と人との関係を表す際に,日本では「人」という文字で表されるものであるとし,互いに支え合っていることが文字でも示されているといわれます。他方,欧米では人間関係は "H" で表されるものとし,それぞれが自立していることが縦の二本棒で,相互につながりはあることが横棒で示されているとするものです。

　(10a) が反映されていると考えられる行動として,米国人は自己の態度を明確に示すことを好み,No をはっきりと伝えることを当然視することが挙げられます。

　一方,日本人は憐みを感じさせ感情移入をさせようとして,自分がどれほど相手を頼っているのかを顕示しようとします。

　こうした違いは自己紹介の文章における内容にも反映されてお

---

[7] 実は,筆者は日本人がおもてなしの一部としてバタバタとせわしなく動くのを見るのが大嫌いです。そういう行動を見ていて落ち着かないからですが,あれを見て平気な日本人が多いことには驚かざるを得ません。

り，米国では自己の長所と性質を客観的に記述することが重視されますが，日本では必要以上にへりくだった内容の記述をすることで相手の憐憫の情を受けようとするものが書かれることがあります。こうした内容のものは，欧米の人には弱い人間のみが書くものと判断されます。

　五つ目の文化的タテマエは個人主義と集団主義に関わるものです。

(11) a. We are All Individuals.

　　　　（私たちは皆個別の存在である）

b. We All Belong to Groups.

　　　　（私たちは皆集団に属している）

米国ではプライバシーを重視し，個人情報とみなされる事項をあれこれと尋ねようとはしないが，日本では個より集団が重んじられて，平気で個人情報を尋ねたりすることがあります。

　N&S で紹介されている興味深い出来事として，宴会やパーティーへ誘われた時のやり取りがあります。日本では誘いを断ると，あれこれと断る理由を尋ねられるのが普通のことですが，米国では誘いを断った場合に断りの理由を尋ねられることはありません。宴会とパーティーなどを断る理由には様々なものがあるでしょうが，それを深堀してあれこれと尋ねることはプライバシーの侵害と捉えるのが米国の文化的タテマエです。

　最後の文化的タテマエは次のものです。

(12) a. You and I are Original.

　　　　（あなたも私も独自性がある）

b. You and I Think and Feel Alike.
（あなたも私も同じように考え同じように感じる）

（12a）のタテマエが捉えているように，米国では独自の意見・発想が尊重される風土があり，少しばかり奇抜な発想も許される面があります。もちろん，実際には特定の人物や政党などに対して偏狭な思想に取り憑かれているような人も存在しますが，学校や職場などで発言する場合には他者と異なる発言が期待されます。

　ところが，日本では（12b）が示すように，他者も同じように感じることが前提とされており，少数派の意見が等閑視されることがあります。また，行列に並ぶことが平気な日本人は多いですし，会議の結論などに顕著なことですが，予定調和を好む人が多いように思われます。

　筆者の実体験でも（12）と関連しそうなものがあります。それは見知らぬ他人とエレベーターの中で2人きりとなる状況です。

　日本ではどちらか一方が目標の階で出ていくまで互いに無言であることが一般的で，急に話しかけたりすると驚かれたり警戒されたりします。ところが，欧米のホテル・百貨店などのエレベーターで見知らぬ他人と2人でいる場合，お互いに無言でいることはまずあり得ません。必ず天気を話題にするとか，その場の状況と関連した会話が始まります。日本人はこのような状況下でも「同じ日本人同志，相手も同じように感じているだろうから話す必要なんてないよね」と判断しますが，欧米の人にとって他人は他人なので，「この人は今一体全体何を考えているのかわからない。不安だし怖いから挨拶的な会話でもして不安を緩和させよう」という心理が働くのだと推察されます。

　これは，ほぼ単一の同一民族で構成されている日本と，他民族で構成されている米国との違いを反映しているのかもしれません。今後日本でも移民を受け入れることが多くなり，日常的に様々な国々の方々と接する機会が増えれば，こうした行動にも変化が現れはじめるかもしれません。

2.5. 文化的タテマエのまとめ

　2.1 節から 2.4 節で S&N で示されている文化的タテマエを概観したので，これを一覧表としてまとめておきます。

　(13)　文化的タテマエの一覧

	米国	日本
a.	You and I are Equals.	You are My Superior.
b.	You and I are Close Friends.	I am in Awe of You.
c.	You and I are relaxed.	I am Busy on Your Behalf.
d.	You and I are Independent.	I Depend on You.
e.	We are All Individuals.	We All Belong to Groups.
f.	You and I are Original.	You and I Think and Feel Alike.

この表を眺めると，改めて個人を重んじる米国と集団を重んじる日本との違いが明確であるよう思われます。近年少しずつ変化が見られるといわれてはいますが，日本の小学校・中学校の体育の授業内容，クラブ活動などは明らかに個を軽視しているものであり，依然として個性を伸ばすことよりも集団生活においていかに自分を律することができるかが尊重されています。不幸な場合には，こうした傾向が加速して軍隊的な行動を要求するレベルにま

で達することになり，いわゆる「学校事故」などを引き起こす
きっかけとなる場合もあります。

　ところで，このように興味深い文化的タテマエを提示している
S&N ですが，同書のなかでは米国人に特有の行動・発言につい
ても触れられています。それぞれ章のタイトルとして挙げられて
いるのですが，それらを (14) としてまとめておきます。

(14) a. **Questions, Questions!**

　　　（なんでも質問する米国と質問が命令になりやすい日本）

　　b. **Answer to the Point!**

　　　（結論を言ってから説明に入る米国と回りくどい説明をしが
　　　ちで結論が不明瞭な日本）

　　c. **Conversational Ballgames.**

　　　（ディスカッション重視の米国と壇上からの講義が中心の日
　　　本）

　　d. **Don't Apologize!**

　　　（容易に謝罪せず，原因・理由を追求したがる米国ととりあ
　　　えず謝る日本）

　　e. **Nobody Told Me!**

　　　（言わなくては伝わらない，説明と正直さを重視する米国と
　　　「言わなくてもわかるだろう」を強要し，表面的な謝罪と誠
　　　実さを好む日本）

いずれの事項に対しても興味深い実例が示されているのですが，
(14) に対して「それは幼稚な社会ですな」と上から目線で批判

する日本人がいます。[8] 日本ではいまだに以心伝心を尊ぶ人が多く、「いわなくてもわかるだろう」と他者を攻撃する人も多いのです。

特に，社会的地位の高い人にこういう人が少なくないのは，日本が近年話題の Old Boy Network（OBN）[9] が支配的な社会であることとも関連しているかもしれません。

2.6.　文化的タテマエの注意点と問題点

ここまでみてきたように，S&N で指摘されている文化的タテマエは日本と米国の文化的差異を理解するうえでの重要な示唆に富むもので，出版から 40 年以上経過した今日でもその価値を失っていないように思われます。特に，表面的な観察で終わるのではなく，事実の考察だけでなく可能な限り一般化を図ろうとしているものであり，何気ない行動の背景に潜むと考えられる文化依存型の無意識の行動規範を明示的に指摘した点は高く評価されるべきでしょう。

しかし，S&N にも問題がないわけではありません。まず大きな問題として，文化的タテマエが絶対的な規範ではないということがあります。あくまでも一定の傾向を示しているものだと解釈すべきなのです。米国でも日本人のように振る舞う人がいます

---

[8] 日本人だけではありませんが，異民族特有の文化・行動を馬鹿にして揶揄することで，自分が属する民族・社会の優位性を示したがる人は残念ながら少なくありません。

[9] OBN とは年配の男性が組織の中心になっており，男性同士の雑談やコネ・人脈で物事が進むことや喫煙所・飲み会・ゴルフでの話が決定事項になることが常態化していることを指します。

し，日本でも米国人的な振る舞いをする人がいるでしょう。

また次のような批判をする人もいるでしょう。

(15)　所詮は文化的タテマエというのも単なるステレオタイプを言い換えただけのものにすぎない。

つまり，米国と日本のいずれにおいても，一人一人の違いを無視して，集団として一纏めにして捉えること自体に無理があり，そのような視点から得られたものに対しては正誤を論じる価値すらもないという立場です。[10]

　こうした批判を真正面から受け止めて検証を重ねることも重要であるかもしれませんが，いわゆる量的研究にはかなりの時間と資金が必要となります。そうした研究を深める作業は今後の課題として，本研究では文化的タテマエという提案に一定の価値があるものと考え，さらに先に進みたいと思います。

3.　文化的タテマエと言語事実

　本節では文化的タテマエとの関連性が考えられる言語事象を考察してみます。

---

[10] こうした批判は自然現象を扱う物理学・化学・生物学などの分野の研究に対して向けられることはないのですが，芸術・音楽・文学などの人間の活動および産物を考察対象とする研究に対してしばしば述べられることがあります。筆者はこうした批判が寄せられること自体に価値があると考えています。単なる出来事・事実の羅列をしているだけの研究と呼ぶことすら難しいものも珍しいことではありませんし，人文科学・社会科学系の研究のなかには実証性の乏しい思弁的な内容のため批判すら不可能な内容のものも存在します。

3.1.　指示詞の体系

　本書に所収の西田論文とも関連することですが，指示詞（demonstratives）と呼ばれる語類があります。(16) をご覧ください。

(16)　a.　日本語：　コ / ソ / ア
　　　b.　英語：　　this / that

日本語の研究・教育に携わる人たちの間ではほぼ常識に属する事実ですが，日本語では対象となる事物をその位置によって，「近称」「遠称」「中称」と三つに分けます。[11] コの指示詞は話し手から近いもの，アの指示詞は話し手から遠いもの，ソの指示詞は話し手からの遠近に関して中和した領域のものを指すといわれています。なお，ここでの遠い・近いは物理的な場合もありますが，多くは心理的なものであることに注意してください。

　一方，英語では話し手からの遠近のみが区別の基準となっており，話し手に近いものは this，話し手から遠いものが that になります。つまり，日本語のアとソに相当する指示対象は英語ではいずれも that で指されることとなります。

　このように，日本語では三系列の指示詞が存在するのですが，それはなぜでしょうか。筆者は日本語の特性として存在する「聞き手に対する配慮」が関与していると考えます。簡潔に述べますと，英語は話し手からの遠近だけを言語化していますが，日本語

---

[11] コソアに関する研究には国語学・日本語学において膨大な文献が存在しますが，ここでは最重要研究の一つとされる金水・田窪（1990）を参考にしています。ただし，そこで述べられている説明と本節で示す見解は大きく異なっています。

では話し手からだけではなく，聞き手からの遠近も考慮する言語であり，その結果アとソの区別が存在すると思われるからです。

　このことを文化的タテマエの視点から言い換えると，日本語においては "You are My Superior." と "I am in Awe of You." が文化的タテマエとして存在するために，自分と他者を明確に区別する必要と同時に相手に配慮しつつ差異を示す必要があり，その結果として他者との位置関係をも考慮する必要性が生じるため，最終的に三系列になるのではないかと思われます。

　しかし，英語においては "You and I are Equals." と "You and I are Close Friends." の二つの文化的タテマエが存在するため，自分と他者を本質的には同等の存在であるとみなしています。その結果，言語表現においても必要となるのは自他の区別だけであり，そこに違いを反映させる必要性はないものと考えられるからです。[12]

　もちろん，指示詞の体系に関する問題はこれほど単純なわけではなく，情報の帰属性を中心とする多岐にわたる問題が存在しており，安易に文化的タテマエと結びつけるのは反証性に欠けるものであり，研究の質としては低いものと言わざるをえません。

　しかし，言語も人間の認知に関わる諸活動の一つであり，人間の価値観が反映されているものであることは疑いのないことです。ここではひとまず，文化的タテマエは指示詞の体系とも関係

---

[12] 詳細は省きますが，実は言語学者による指示詞の研究では聞き手を考慮しないことが大前提となっています。理由の一つは，自閉症スペクトラムに属する人の発話や独り言などを考えると明らかなように，発話というものが話者の脳内によって生成されるものであり，聞き手という存在はあくまでも話者の想定のなかにしか存在しないという作業仮説があるからです。

があるかもしれないということを指摘しておきたいと思います。

3.2.　自動詞と他動詞

　次に日英にみられる動詞選択の差異についてみておきたいと思います。

(17)　a.　お茶が入りましたよ。

　　　b.　I've made some tea.

(18)　a.　ハンカチが落ちましたよ。

　　　b.　You dropped your handkerchief.

昔から指摘されていることですが，英語は行為の主体を明示することが一般的で，日本語では行為の主体をぼかすことが一般的であるといわれます。(17)(18) にみられる自動詞表現と他動詞表現の違いがこれを示しています。このような差異も英語の "We are All Individuals." と日本語の "We All Belong to Groups." と関連があるものと考えてみたいと思います。

　英語が話されている社会のように，個々人が独立している集団では，「誰が何をしたのか」が常に問われることになります。なぜならば，一人一人が独立した存在である以上，主語で表される行為の主体が誰であるのかを明示しなくては，個の存在が埋もれてしまうからです。

　しかし，日本語が話されている社会のように，個々の存在がそれほど重視されず，主体よりも出来事の描写に重きが置かれることが多い集団においては，行為の主体を明示することはそれほど重視されないでしょう。

　ただし，こうした描写方法の違いが一見すると逆転していると

思われるような場合があることにも注意しておいた方が良いで
しょう。それは次のような場合です。

(19) a.　すいませんが，これをこわしてしまいました。

b.　I don't know how it happened, but the tape recorder
broke.　　　　　　　　　　　　　　(Hinds (1986: 78))

(19) において，主語が示されていない日本語の方では話者が壊
したことが明白ですが，主語が示されている英語の方では本来的
には他動詞である break が自動詞[13] として用いられています。

　この場合には，責任というものに対する日英の違いが反映され
ています。日本人は明確には自分自身に責任がないことに対して
も，あたかも自分に責任があるかのように振る舞うことが美徳で
あるとされる側面があり，場合によってはそれが「男気がある」
と捉えられることさえあります。

　他方，英語圏の人たちにとっては責任の所在が自分にあるかど
うかが重要であり，壊れた原因が不明である場合にはその責任を
自分が負うような発言は事実に反するものと捉えるのです。

　そうすると，結局のところ (19) にみられる日英の違いは，ま
たしても "You and I are Equals." と "You are My Superior." の
二つの文化的タテマエの違いが関与していることになります。つ
まり，対等な人間関係においては事実を事実のままに伝えること
が妥当な表現となりますが，相手に対して必要以上に敬意を示す
必要がある社会においては，自分にすべての責任がないことに対
しても責任があるという態度を示すことで，誠意を示そうとする

---

[13]　正確には能格動詞 (ergative verb) と呼ばれるものです。

ことになるわけです。なかなか，日本は住みにくい社会であるように思われます。

4. 発想の比較

　直接的に文化的タテマエが関与するかどうかは定かではないのですが，文化上の差異が影響しているために，日本語と英語の間には発想の有り様が大きく異なる表現が存在します。たとえば次の (20)–(23) がそうした例です。

(20) a. 靴を脱いで

　　 b. in socks

(21) a. お口にあわないでしょうけど

　　 b. I hope you like it.

(22) a. あっちへ行ってなさい。

　　 b. Leave us alone now.

(23) a. ぼうや，行ってくるね。

　　 b. I'll be back soon, little boy.

　(20) で表されている状況は同一なのですが，日本の文化と英語圏の文化が反映された結果，異なる表現が選択されています。日本では家のなかでは靴を脱いだ状態になるために，靴の着脱のが焦点となります。しかし英語圏では自宅の室内であっても靴を履いた状態が一般的であり，[14] 靴の存在自体は背景化されてしま

---

[14] 欧米の映画・アニメなどを観ると，登場人物が靴を履いたままの状態でベッドに寝転がっている場面がよく現れます。

います。その結果，焦点となって注目されるのは靴下の着脱になるために，(20b) の表現が一般的なものとなっています。

(21) では，日本語では自分を下げてへりくだった表現が用いられていますが，英語では正直に自分の期待することを伝えています。これは何度も取り上げた，英語の "You and I are Equals." と日本語の "You are My Superior." という文化的タテマエの違いから説明できるかもしれません。

(22) では指示詞を話題にしたところでも触れた視点の違いが反映されています。自分たちを中心に捉えた言語表現を好む英語では文中に "us" が用いられています。他方，聞き手に配慮することを重視する日本語では相手の行為を重視した表現として命令形が用いられています。

(23) は池上 (1981) 以降，たびたび取り上げられてきた「結果志向の英語 vs. 過程志向の日本語」の問題と考えられます。日本語の (23a) ではこれからの行動を説明しているに過ぎませんが，(23b) の英語ではこれからの行動のその後に生じるはずの結果を伝えています。

このように，日本語と英語は心理学でいう「図」となる部分，認知言語学でいうところのプロファイルする部分に違いがあるといえます。[15] つまり，何を際立たせるかということが大きく異なっているのですが，こうした際立たせ方の違いもやはり文化的なものがその背後に存在していると想定するのが自然なように思われます。

---

[15] プロファイルに関する詳しい解説については Langacker (2008) を参照してください。

　実証性を伴うより深い考察の必要性は残っていますが，ひとまず文化的タテマエの有用性は示すことができたように思います。

5.　むすびにかえて

　現代言語学において，優れた研究の多くは言語の形式的特性を扱うものです。とりわけ統語論に関する研究は隣接諸分野も巻き込む形で飛躍的な進歩を遂げてきました。これはもちろん，他を圧倒する内容を備えた Chomsky による研究とそれに影響を受けた研究によって成されてきたものです。

　しかしながら，言語研究の対象は形式的特性のみではありません。言語の使用的側面に対する研究も重要なものであることに疑義をさしはさむ余地はないと思われます。一般に広く受け入れられているように，言語はコミュニケーションの手段であり，そのような機能的側面に着目する研究が存在し，多くの研究がなされてきたのも当然なのです。

　とはいえ，言語研究者の間においてしばしばみられる不毛な議論と頻発する誤解を避けるために，最後に次の2点を確認しておきたいと思います。

　(24)　言語とコミュニケーションは別物
　(25)　対象設定と研究範囲を正確に理解し把握する重要性

(24) に関しては，藤田 (2023) が明示的に説明しています。そこで述べられているのは，言語とは認知能力の一つであり，コミュニケーションは言語によるもの以外を含めた社会的活動の一つであるということです。当たり前のことですが，コミュニケー

28

ションには身振り手振りや顔の表情などを含む「非言語伝達」も存在します。場合によってはただのため息すらも伝達手段となりうるものです。言語学者のなかにも，こうした区別に対して無頓着な研究を行っている人がいることは，きわめて残念なことです。

　(25) に関しては Jackendoff (2002) の訳書において郡司隆男氏が「訳者あとがき」p. 554 において述べていることがわかりやすいと思います。そこでは，Jackendoff が依拠している概念意味論から形式意味論に対する批判を「八百屋で秋刀魚を売っていないと文句を言っているような」ものであると譬えています。八百屋と魚屋では扱う商品が異なるのが当然のことであり，それぞれの役割が異なるのです。言語学者のなかには八百屋に対して「お前の店では魚を売っていないからダメだね。」という発言と同類の単なる因縁をつけているとしか思えないような議論を展開しているにもかかわらず，優れた批評を行っていると自任している人が少なくないように思われます。学者に対して百貨店のような品揃えを求めることも大間違いなのです。[16] 研究自体の質の高低とは別に，品揃えの有り様に対して批判しているだけであることに対する認識が不足しているといえます。

　本章および本書所収の論考では，こうした生産性の低い無益なやり取りを排除するように一定留意したつもりです。

　文化的な差異を含めて，言語のコミュニケーション的側面を重

---

[16] 他方，近年は「単一商品のみを扱う商店」のような研究も多いようにも感じます。学問分野の進展上，必然的な状況ではあるのですが。

視する研究がより一層発展することを願って，本章を終えたいと
思います。[17]

---

[17] 言語の文化的側面を論じるにあたって，サピア＝ウォーフの仮説をはじ
めとして，神尾（1990）のなわ張り理論など，入念な再検討を要する研究課
題が山積しているのですが，こうした研究は他日を期したいと思います。

第 2 章

英語の名詞句にみられる
構成素の省略について[*]

金澤 俊吾

＊ 本論は 2018 年 5 月 20 日（於：東京女子大学）日本英文学会第 90 回大会シンポジウム第十一部門「話し手・聞き手と言語表現 — 語用論と文法の接点 —」における口頭発表「英語の名詞句内に見られる省略について」の内容に加筆，修正を施したものです。発表に際し聴衆の方々より多くの貴重なご意見，ご質問を賜りましたことに対し厚くお礼申し上げます。なお，本研究の成果の一部は JSPS 科研費（課題番号：16K02774 ならびに 21K00572）の助成を受けてなされています。

1.　はじめに

英語には a cup of coffee, a glass of beer のように「部分詞＋飲み物を表す名詞」から構成される名詞句があります。飲み物を表す名詞 coffee, beer は，いずれも不可算名詞に分類されますが，ある一定の条件下で不定冠詞を伴い可算名詞として使われることがあります。

Quirk et al. (1985) は，不可算名詞から可算名詞への変化を再分類 (reclassification) と呼んでいます。この変化は，(1a) (1b) のように，飲み物の注文場面において，a cup of を復元できる場合もしくは (1c) (1d) のように，飲み物の種類，ブランドを表す場合，可算名詞と同様の文法的振る舞いがみられるとしています。

(1) a.　Can I have *a coffee*, please.　　　['a cup of coffee']
　　　　（ビールを頂けますか）

　　 b.　*Two coffees*, please.　　　['two cups of coffee']
　　　　（コーヒーを二つお願いします）

　　 c.　This is *a nice coffee*.
　　　　（これはおいしいコーヒーだ）

　　 d.　I like *Brazilian coffees* best.
　　　　（ブラジル産のコーヒーが一番好きだ）

　　　　　　　　　　　　　　　　　　　(Quirk et al. (1985: 248))

また，Wechsler (2015) は，この種の変化を，飲み物の部分化 (beverage portioning) と呼び，(2a) の質量名詞 (mass noun) から，(2b) の可算名詞への文法的変化として捉えています。

(2) a. I drank too much beer last night.

　　　 （昨夜ビールを飲み過ぎた）

　 b. Would you like a beer?

　　　 （ビールをいかがですか）

(Wechsler (2015: 21))

　Radden and Dirven (2007) は，この種の変化を概念レベルでの変化として捉え，換喩的転換 (metonymic shift) と説明しています。この換喩的転換は，(3) のような物質 (substance) の多様性を表す際に使われます。

(3)

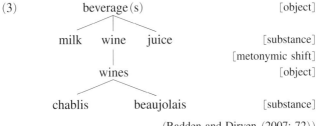

(Radden and Dirven (2007: 72))

飲み物を表す名詞 beverage(s) は，具体的な飲み物を表す名詞 milk, wine, juice などに下位分類されます。さらに，その名詞は換喩的転換により，飲み物の種類を表すことができます。たとえば，wine は飲み物の下位レベルでは物質を表す名詞として分類されていますが，換喩的転換により物体 (object) として捉えられると，ワインの種類を表すことができる可算名詞として解釈されます。その結果，chablis （シャブリ（ワイン）），beaujolais （ボージョレー（ワイン）） などの語をワインの種類を表す名詞としてさらに下位分類できるようになります。

　次に，英語において，名詞句 a cup of coffee の構成素の一部を省略することで形成される現象を概観します。具体例として (4) をみてみましょう。[1]

(4) a. I had *a cup of coffee*.
　　　（コーヒーを飲んだ）　　　　　　　　　(COCA, 1998, MAG)[2]

　　b. It had been several hours since I last had *a cup*.
　　　　　　　　　　　　　　　　　　　　(COCA, 2014, FIC)
　　　（最後に（コーヒーを）飲んでから数時間経っていた）

　　c. The air had turned cooler, so I went into Starbucks
　　　and had *a coffee*.　　　　　　　(COCA, 2015, FIC)
　　　（空気がひんやりしてきたので，スターバックスに行って
　　　コーヒーを飲んだ）

(4a) の名詞句 a cup of coffee は，構成素の省略され方の違いにより，2 通りの名詞句で表すことができます。具体的には，(4b) のように，of coffee が省略されて a cup で表される場合，(4c) のように，cup of の省略により a coffee で表される場合です（この種の構成素の省略は，a glass of を伴う名詞句にも同様にみられます）。

　本論は，名詞句 an Adj cup of N の構成素が省略される現象として，形容詞が cup または glass を修飾する事例 (an Adj cup, an Adj glass)，形容詞が飲み物を表す名詞を修飾する事例 (an Adj coffee, an Adj beer など) に注目し，これらの名詞句

---

[1] 以下，用例中の斜字体は筆者によるものです。

[2] 以下，用例中の出典および本文の COCA は，The Corpus of Contemporary American English を表しています。

にみられる意味的，談話的特徴を考察します。その上で，本論は次の二つの問い「名詞句内の構成素の一部が省略される場合，談話上どのようなメカニズムが機能しているか」「名詞句内の構成素の省略は何によって動機付けられているか」，それぞれに対して説明を試みます。

　以下，2節は名詞句内の構成素の省略に関する先行研究を概観します。3節では，アメリカ英語の話し言葉コーパスの一つである Corpus of American Soap Operas（以下，SOAP）を用いて二つの当該名詞句が，実際どのように使用されているか，意味的，談話的特徴を検証します。4節は本論の問いに対する説明を試みます。5節は本論のまとめを提示します。

2.　先行研究における名詞句内の構成素の省略

　Huddleston and Pullum（2002）によりますと，名詞句内の構成素の省略は，（5）のように，最上級，絶対比較級の形容詞が名詞を修飾する際にみられるとされています。

(5) a.　I went up *that skyscraper* in Boston, but *the tallest* is in Chicago.
　　　　（ボストンにあるあの超高層ビルに上ったが，一番高い超高層ビルはシカゴにある）

　　b.　There are *two sisters*, but *the elder* is already married.　　　　(Huddleston and Pullum (2002: 416))
　　　　（2人の姉妹がいて，姉はすでに結婚している）

構成素を省略するためには，当該名詞句と意味的に関係のある名

詞句が先行し提示されている必要があります。(5a) では that skyscraper（あの超高層ビル）が提示された上で，skyscraper が省略された名詞句として the tallest が表されています。(5b) においても，two sisters（2人の姉妹）が提示された上で，sister が省略された名詞句として the elder が表されています。

　また，Huddleston and Pullum (2002) は，特定の意味的特徴をもつ形容詞，名詞から名詞句が形成される際，名詞の省略がみられるとし，(6) を挙げています。

(6) a. *The first student* wanted to take linguistics, but *the second* did not.

　　　（最初の学生は言語学を履修したかったが，二番目の学生はそうではなかった）

　　b. Henrietta likes *red shirts*, and I like *blue*.

　　　（ヘンリエッタは赤色のシャツを好むが，私は青色のシャツを好む）

　　c. Henrietta likes *Russian vodka*, and I like *Polish*.

　　　（ヘンリエッタはロシアのウォッカを好むが，私はポーランドのウォッカを好む）

　　d. Knut likes *malt whiskey*, but I prefer *blended*.

　　　　　　　　　　　　　　　　　　　　　　　　　(ibid.: 417)

　　　（クヌートはモルトウイスキーを好むが，私はブレンドウイスキーのほうを好む）

序数 (cardinal)，色，産地，素材のいずれかを表す同種の形容詞が文中に二つ生起し，同一の名詞を修飾する際，2番目の名詞句内の名詞が省略されます。具体的には，(6a) の序数を表す形容

詞 first, second は，いずれも student を修飾しています。the first student が先行して示された上で，名詞 student が省略されて the second と表されています。また，(6b) では，色を表す形容詞が同一文中に二つ生起し，名詞句 red shirts, blue shirts の間に対比の関係が構築され，2 番目の名詞句 blue shirts が blue と表されています。さらに，(6c) は産地を表す形容詞が同一文中に二つ生起していて，Russian vodka との対比により，Polish vodka が Polish によって表されています。(6d) の形容詞 malt, blended はウイスキーの素材，醸造法を表していて，名詞句 malt whiskey との対比により，blended whiskey が blended によって表されています。

　次に，構成素の省略がみられる名詞句の文法的特徴を概観します。Günther（2013）によりますと，(7) のように，構成素の省略がみられる名詞句は可算名詞に限定されます。

> (7)　She finished most of *her second beer*, then ordered *a third*.　　　　　(COCA, 2005, FIC, Günther (2013: 57))
> 　　　（彼女は 2 杯目のビールのほとんどを飲み終え，3 杯目を注文した）

beer が可算名詞として使われていて，最初の名詞句（her second beer）に序数を表す形容詞 second が生起しています。この名詞句との対比により，名詞句 a third beer は，beer が省略され，a third と表されています。

　ここからは，名詞句内の構成素の省略がみられる構文の事例を概観します。構成素の省略は，その省略が成立する状況により 2 種類に分類されます。第 1 は，(8) に示すような分類構文（Taxonomizing Construction) で す (cf. Bouchard (2002), Günther (2011, 2013))。先行文において集合の外延 (denotation) が提示され，後続する名詞句によりその成員 (member) が具現化される際，名詞が省略されるという特徴を有します。(8) は分類構文の一例です。

(8) a. ... and *two stars*, *a red*, *a white*, shooting down the dark tunnel of road between the hedges ...

(BNC H9G, Günther (2011: 290))

(そして，二つの光，赤い光と白い光が，垣根の間の暗いトンネルのような道を通り過ぎた)

b. ... the analysis of *the dual functions of language*, *the cognitive* and *the performative*, ...

(BNC ATA, Günther (2011: 290), Günther (2013: 96))

(言語の二重機能とされる認知機能，運用機能に関する分析)

c. ... *many different spheres of activity—the military*, *the political*, *the organizational* and so on—...

(BNC GVN, Günther (2013: 96))

(多くの異なる活動分野，軍事分野，政治分野，組織分野など)

(8a) において，two stars（二つの光）により成員の数が明示された上で外延が提示され，その成員が star を省略した a red, a white によってそれぞれ表されています。また，(8b) のように，成員の数が直接的に明示されない形で外延が示される場合があります。この例では，外延が the dual functions of languages（言

語の二重機能) によって提示され，その成員として the cognitive,
the performative がそれぞれ表されています。(8c) も同様に，
外延が many different spheres of activity (多くの異なる活動分野)
と示された上で，その成員として，activity が省略された the
military, the political, the organizational がそれぞれ表されて
います。

　構成素の省略がみられる第2の構文は，「著しい対比」(sharp
contrast) が表されている構文です。Bouchard (2002) は，Hal-
liday and Hasan (1976) に従い「著しい対比」がみられる構文を，
対比される対象の違いから2種類に分類しています。(9a) のよ
うな同じ意味クラスに属する対比の事例 (cf. Dixon (1982))，(9b)
のような対義語の関係にある形容詞を含む対比の事例です。

(9) a. Which last longer, *the curved rods* or *the straight
rods*? *The straight* are less likely to break.
（弓なりの竿，まっすぐな竿どちらがより長持ちするのだろ
うか。まっすぐな竿のほうが壊れにくい）

b. I like *strong tea*. I suppose *weak* is better for you.
(Halliday and Hasan (1976: 148))
（濃い紅茶を好む。薄い紅茶のほうが健康によいと思う）

(9a) では竿の種類が the curved rods（弓なりの竿），the straight
rods（まっすぐな竿）によってそれぞれ表され，この対比のなかで
2番目の名詞句内 rods の省略により，the straight と表されてい
ます。また，(9b) では対義語の関係にある strong tea（濃い紅
茶），weak tea（薄い紅茶）が対比されることで，2番目に現れる
名詞句内の tea が省略され，weak と表されています。

　ここまで，構成素が省略される名詞句の意味的，談話的特徴を概観してきました。本論は，3節において，この先行研究を名詞句 an Adj cup/glass of N にみられる構成素の省略に援用し，先行研究と同様のメカニズムが機能していることを検証します。

3.　構成素の省略がみられる名詞句の意味的特徴

　名詞句 an Adj cup/glass of N は，構成素が一部省略されることで，2種類の名詞句 an Adj cup/glass, an Adj N が，それぞれ形成されています。当該の名詞句は，話し言葉に多くみられることから，本論ではアメリカのドラマのスクリプトを収録したコーパスである SOAP を使用し，この2種類の事例を収集，観察することで意味的特徴を検証します。その際，この二つの名詞句の使用には，話し手，聞き手が，名詞句 an Adj cup/glass of N によって表される飲み物の様相のどの部分に注目し，詳述しているか，その状況の捉え方の違いが密接に関わっていると想定することで分析を進めます。

3.1.　名詞句 an Adj cup/glass にみられる意味的特徴

　本節では，飲み物を表す構成素 of N の省略がみられる名詞句 an Adj cup/glass の意味的特徴を考察します。この名詞句は，話し手，聞き手の間で「飲み物の量」が話題の中心にあり，この状況を「図」（figure）として，「飲み物の性質」を「地」（ground）として，それぞれ捉えられる状況で使用されると想定します。

　名詞句 an Adj cup/glass が使用されるためには，先行文脈で話題の対象とされる飲み物が提示されていなければなりません。

分析に入る前に，形容詞を伴わない名詞句 a cup / glass を例に考えてみましょう。この名詞句を使用するためには，飲み物を表す名詞句が先行して表されている必要があります。このことは (10) の例で確認できます。[3]

> (10) a. Paul: I've got *some iced tea*. I have a pitcher in the fridge. Would you like **a glass**?
>
>   Isabela: Sounds good. (SOAP, 2001, YR)
>
>   （ポール：アイスティーがあるよ。冷蔵庫にピッチャーに入っているよ。1杯いかが。
>
>   イザベラ：いいね）
>
> b. Sam: Oh, thank you. I was just about to make *a cup of coffee*. Do you want **a cup**?
>
>   Maxie: Yeah, sure. (SOAP, 2007, GH)
>
>   （サム：ありがとう。ちょうどコーヒーをいれようとしていたところだったよ。1杯いかが。
>
>   マキシィ：うん，いいよ）

(10a) では，Paul のところにあるアイスティー（some iced tea）を Isabela に勧める状況を提示した上で，会話の中心とされるアイスティーが名詞句 a glass によって表されています。また，(10b) においても，Sam がいれるコーヒー（a cup of coffee）を Maxie に勧める状況を提示してから，名詞句 a cup により「1杯のコーヒー」が表されています。

　ここからは，a cup，a glass を形容詞修飾する名詞句の事例を

---

[3] 以下，用例中の太字は筆者によるものです。

みていきます。形容詞，名詞との間で構築される修飾関係により，飲み物の状態が描写され，同時に飲み物の量が隠喩的（metaphorical）に表されるという意味的特徴がみられます。

　当該名詞句を修飾する形容詞，a cup/glass の間には，(11)に示すような隠喩（metaphor）の関係が成立し，二つの概念間の相互作用により，a cup/glass の形容詞修飾が可能となると想定します。

(11)　correlation in experience
　　　（経験における相互作用）

a.　MORE IS UP
　　　「多いは上向きである」）

b.　QUANTITY and VERTICALITY
　　　（「量」と「垂直」）　　　　　　　　　（Kövecses (2010: 180)）

二つの概念とは，(11a) に示す MORE IS UP（「多いは上向きである」）という隠喩，(11b) に示す QUANTITY（「量」），VERTICALITY（「垂直」）の概念です。この相互作用により，何かあるものの量が多い状況は，垂直の視点から，物体が上に積み重ねられる量が高い状況として捉えられることになります。

　本論は，名詞句 an Adj cup/glass によって表される飲み物の量は，この垂直の概念，さらにほかの概念との相互作用により表されていると考えたいと思います。以下，形容詞が cup または glass を修飾し，飲み物の量が隠喩的に表される際，形容詞の意味的特徴の違いから，4 種類の形容詞による修飾の事例（入れ物の大きさ（dimension）を表す形容詞，序数を表す形容詞，飲み物の物理的性質（physical property）を表す形容詞，評価（value）

および飲み物の物理的性質を表す形容詞）に分けてみていきます。

3.1.1.　入れ物の大きさを表す形容詞による修飾

　第 1 は，形容詞が入れ物の大きさを描写することで，隠喩的に飲み物の量を表す事例です。具体例として（12）をみてみましょう。

(12)　Mike:　Good night.　Hey, got *your ginger ale*.
　　　 Carly:　Oh, thanks.
　　　 Mike:　You want **a tall glass**, no ice?

　　　　　　　　　　　　　　　　　　　　　　　　(SOAP, 2003, AWT)

　　　（マイク：おやすみなさい。ああ，ジンジャーエールを受け
　　　　　　　　取ったよ。
　　　　カーリー：ありがとう。
　　　　マイク：背の高いグラスで氷なしでしょうか）

飲み物を表す名詞として your ginger ale（ジンジャーエール）が提示され，グラスの大きさを a tall glass と明示することで，ジンジャーエールの量を隠喩的に表しています。

3.1.2.　序数を表す形容詞による修飾

　第 2 は，形容詞 second などの序数を表す形容詞を用いて飲み物の杯数を示すことで，隠喩的に飲み物の量を表す事例です。(13) がその一例です。

(13) a.　… this is *really good coffee*.　I would actually have
　　　　　 a second cup …　　　　　　　　　　(SOAP, 2011, GH)

（これはとてもおいしいコーヒーだ。できるなら2杯目を飲めたらいいなあ）

b. Sharon: *To our future.*

　　Victor: You two don't know when to quit, do you?

　　Adam: Oh, Dad, what a coincidence. *We were just toasting to you.* Would you like me to get **a third glass** for you?

(SOAP, 2011, YR)

（シャーロン：私たちの未来に乾杯。

　ヴィクター：君たちいつまで調子にのっているの。

　アダム：あら，お父さん，偶然だね。ちょうどあなたに乾杯していたところだよ。3杯目を取ってきましょうか）

序数を表す形容詞の事例においても，先行文脈で飲み物または飲み物が関与する状況が示され，「序数を表す形容詞＋cupまたはglass」によって飲み物の量を隠喩的に表すことができます。(13a) では，really good coffee（とてもおいしいコーヒー）が提示された上で，Alexis が2杯目を飲みたい状況が名詞句 a second cup によって表されています。また，(13b) はパーティで乾杯する場面を表していて，飲み物の代わりに乾杯する状況 (To our future, We were just toasting to you) が提示されることで，名詞句 a third glass によって酒量が隠喩的に表されています。

3.1.3.　飲み物の物理的性質を表す形容詞による修飾

第 3 は，形容詞が飲み物の物理的性質を表すことで隠喩的に飲み物の量（杯数）を表す事例です。(14) における形容詞 fresh, new がその一例です。

(14) a.　Buzz:　　… it's *champagne*, just like the last one.

　　　　　Olivia:　Well, then I should get you **a fresh glass**,

　　　　　　　　　…　　　　　　　　　　　　　(SOAP, 2007, GL)

　　　　（バズ：シャンパンだよ。ちょうどさっきのと同じような。

　　　　　オリビア：それなら，別の新しいグラスを持ってこないと）

　　　b.　Vinnie:　Here's *your espresso*, boss.

　　　　　Sonny:　… it smells kind of funny.　Did you scorch the beans?

　　　　　Vinnie:　No.　Made it the same as I always do.

　　　　　Sonny:　Can you taste it, see if it maybe—if it's the same?

　　　　　Vinnie:　Why don't I just make you **a new cup**?

　　　　　　　　　　　　　　　　　　　　　(SOAP, 2007, GH)

　　　　（ヴィニー：こちらがエスプレッソです。

　　　　　ソニー：ちょっと変な匂いがするね。豆を焦がしたのか。

　　　　　ヴィニー：いいえ，いつもと同じようにいれました。

　　　　　ソニー：飲んでみてくれないか。いつもと同じか確かめてくれないか。

　　　　　ヴィニー：はい，新しいのをいれましょうか）

(14a) では，Buzz がシャンパンの存在を言及することで，名詞句 a fresh glass により，シャンパンの量を隠喩的に表現してい

ます。また，(14b) では，Vinnie の発言により your espresso（エスプレッソコーヒー）が場面に提示され，そのコーヒーの特徴に関するやりとりが交わされた上で，a new cup を作る提案がなされ，コーヒーの量が隠喩的に表されています。

ちなみに，(15) のような「副詞＋過去分詞」から構成される修飾表現が，glass を修飾することで飲み物の量を表す例もみられます。

(15)　Victor:　… The cook's made *some special iced tea.*

　　　Nicole:　I'd like **a freshly poured glass**, if you don't
　　　　　　mind.　　　　　　　　(SOAP, 2003, DAYS)

　　（ヴィクター：シェフが特別なアイスティーをいれました。

　　　ニコル：もしよろしければ，いれたてのを頂きたいのですが）

シェフが作ってくれた特別なアイスティーが提示された上で，a freshly poured glass が表されることで，飲み物の量が隠喩的に表現されています。

3.1.4.　評価および飲み物の物理的性質を表す形容詞による修飾

第4は，評価および飲み物の物理的性質を表す形容詞が，後続する名詞を修飾することで，飲み物の量を隠喩的に表す事例です。(16) の nice fresh が一例として挙げられます。[4]

(16)　Gloria:　… And *your tea*'s probably ice cold so I will

---

[4] 形容詞 nice は，an Adj N の事例においても物理的性質の形容詞との共起により，飲み物を表す名詞を修飾することがあります。詳細は，3.2.1 節，(21) の用例の箇所で説明します。

get you **a nice fresh cup**.

John:　　You know, you take awfully good care of

me.　　　　　　　　　　　　　(SOAP, 2006, YR)

（グローリア：おそらく紅茶が冷めているでしょうから，おい

しいいれたてのを作ります。

ジョン：ずいぶんもてなしてくれますね）

Gloria によって your tea（紅茶）が言及がされた上で，名詞句 a
nice fresh cup が示されることで，飲み物の量が隠喩的に表され
ています。

3.2.　名詞句 an Adj N にみられる意味的特徴

　ここからは，構成素 cup／glass of の省略により形成される，
名詞句 an Adj N の事例の意味的特徴を検証します。この名詞句
は，話し手，聞き手の間の話題の中心が「飲み物の性質」にあり，
この状況を「図」として，「飲み物の量」を「地」として，それぞ
れ捉えられる状況で使用されると想定します。

　その上で，先行文脈において，会話の話題とされる飲み物の集
合の外延が提示され，その外延の成員として名詞句 an Adj N が
具現化され，形容詞はその飲み物の性質を詳述するという意味的
特徴がみられることを示していきます。以下，この飲み物の性質
の詳述の事例を，語彙レベル，談話レベル，それぞれに分けて考
察していきます。

3.2.1.　語彙レベルにみられる飲み物の性質の詳述

　本節では，語彙レベルにおいて名詞句 an Adj N の飲み物の性

質，状態が詳述される事例を考察します。of cup または of glass の省略により形成される名詞句 an Adj N の事例は，生起する形容詞の意味的特徴に従い，五つに分類されると想定します。[5]

　第1は，(17) のように，もともとは飲み物の種類，銘柄を表していた名詞句が，実体 (entity) としての飲み物を表す名詞句として使われている事例です。

(17) a. Can I please have **an iced coffee**?

(SOAP, 2010, YR)

（アイスコーヒーを頂けますか）

b. Give me a shot of your house whiskey and **a draft beer**. (SOAP, 2006, OLTL)

（定番のウイスキー 1 ショットと生ビールをください）

c. He probably ordered **an unusual beer—Reilly's lager**. (SOAP, 2007, GH)

（彼は珍しいビール，レイリーラガーを注文したのだろう）

(17a) の名詞句 an iced coffee は，「飲む」動作の対象物として

---

[5] (i) のように，飲み物を表す名詞に修飾表現が後続することで飲み物の性質を詳述する事例があります。

(i) a. I just came to get **a coffee** *to go*.
（持ち帰り用のコーヒーを買いに来ただけだった）

b. Can I get **a coffee**, *light with two sugars*, please?
（ライトローストのコーヒーを砂糖 2 個入りで頂けますか）

(SOAP, 2003, ATWT)

形容詞が飲み物を表す名詞を修飾する際にも，同様の後置修飾の事例があります。詳細は (18) (19) の用例の箇所で説明します。

のアイスコーヒーを表しています。(17b) における名詞句 a
draft beer, (17c) における名詞句 an unusual beer—Reilly's
lager も同様に,「注文する」動作の対象物としてのビールを表し
ています。

　また, 名詞句 a black coffee の場合, コーヒーの状態は後置
する修飾要素によって詳述されています。

(18) a.　Can I get **a black coffee**, *very strong, lots of ice*?

　　　　　　　　　　　　　　　　　　　(SOAP, 2002, ATWT)

　　　　（ブラックコーヒーを, かなり濃いめで, たくさんの氷入り
　　　　で頂けますか）

　　b.　Could I get **a black coffee**, *small*?

　　　　　　　　　　　　　　　　　　　(SOAP, 2004, GL)

　　　（ブラックコーヒーをスモールサイズで頂けますか）

(18a) では, very strong, lots of ice の後置修飾により, 注文す
るコーヒーの状況が詳細に表されています。また, (18b) では,
形容詞 small の後置修飾により, ブラックコーヒーの入れ物の
大きさが表されています。[6]

---

　[6]　(18b) の類例として (i) が挙げられます。
　　(i)　Kate.　Uh, can I get **a large coffee**, *black*, please.

　　　　　　　　　　　　　　　　　　　(SOAP, 2005, YR)
　　　　（ケイト, ラージサイズのコーヒーをブラックで頂けますか）
名詞 coffee を入れ物の大きさを表す形容詞 large が限定修飾し, 形容詞
black が後置修飾しています。一方, (18b) では, 名詞 coffee を形容詞
black が限定修飾し, 入れ物の大きさを表す形容詞 small が後置修飾していま
す。
　形容詞 black, large, small による限定修飾, 後置修飾の違いが, 各文の解
釈にどのような違いとして反映されているかについて, 今後さらに精査する

　第2は，(19) のように，入れ物の大きさを表す形容詞が飲み物を表す名詞を限定修飾し，さらに後置する修飾要素によって飲み物の状況が詳述される事例です。

(19) a. She's drinking **a tall latte**, I suspect *there's foam*.

(SOAP, 2006, ATWT)

（彼女はトールサイズのラテを飲んでいるから，おそらく泡があると思う）

b. Can I have **a medium** [**coffee** *with*：筆者補足] *hazelnut, milk, one sugar*, please? (SOAP, 2007, ATWT)

（ミディアムサイズのコーヒーをヘーゼルナッツシロップ，ミルク，砂糖1個入りで頂けますか）

c. Um, can I have **a grande coffee** *with two shots espresso*, please? (SOAP, 2008, YR)

（グランデサイズのコーヒーをエスプレッソ2ショット入りで頂けますか）

飲み物の入れ物の大きさを表す形容詞に関して，COCA を用いて検索したところ，(19a) の tall，(19b) の medium，(19c) の grande は，いずれも比較的「新しい」表現と推察できます。[7] また，(19) は名詞句 a tall cup of latte, a medium cup of coffee, a grande cup of coffee のように，cup of を復元させた名詞句の使用も予測されますが，名詞句 an Adj N のほうがより自然な表

必要があります。

[7] COCA で検索する限りにおいて，名詞句 tall coffee, medium coffee, grande coffee の初出はいずれも 2000 年以降に確認できます。

現のようです。[8]

　第3は，(20)のように，飲み物の物理的性質を表す形容詞のうち，温度に関係する形容詞が生起することで飲み物の状態を詳述する事例です。

(20) a. Could I get **a hot cocoa** *with a little orange peel twist on top*, just a little bit?　　(SOAP, 2008, YR)

（表面にオレンジピールのツイストをほんの少しのせたホットココアを頂けますか）

b. Drink up. There's nothing worse than **a lukewarm martini**.　　(SOAP, 2004, YR)

（飲み干してください。ぬるいマティーニほどまずいものはありません）

(20a)において，cocoa（ココア）の状態が，形容詞 hot による前置修飾，前置詞句による後置修飾によって詳述されています。また，(20b)では，「飲む」動作の対象物 martini（マティーニ）の状態が，形容詞 lukewarm によって限定修飾されています。

　第4は，(21)のように，評価，飲み物の物理的性質を表す形容詞の共起により飲み物の状態を詳述する事例です。

(21) a. How about **a nice, cold beer**?　(SOAP, 2009, ATWT)

---

[8] この要因の一つとして，飲み物を表す名詞(19a)の latte が coffee の下位語であることが関係しているものと思われます。

　ここで挙げた入れ物の大きさを表す形容詞（tall, medium, grande など），coffee の下位レベルカテゴリー（下位語）に分類される名詞（latte など）の組み合わせからなる名詞句に関して，今後さらに文法的，意味的特徴を考察していく必要があります。

（おいしい冷たいビールを飲みませんか）

b. I got a better idea—how about **a nice decaf tea**,
    Adam, huh?   (SOAP, 2007 AMC)

（もっといいアイデアがあるんだよ。おいしいノンカフェイ
ンの紅茶をどうだい，アダム）

c. She's still in a coma and she never has **a nice
    wine**. She never has a nice day.

(SOAP, 2006, ATWT)

（彼女は依然として昏睡状態にあり，いいワインをまったく
飲んでいない。まったくいい日でない）

形容詞 nice，飲み物の物理的性質を表す形容詞が共起すること
で，飲み物を表す名詞を修飾する例が多くみられます。(21a) で
は名詞句 a nice cold beer により，(21b) では名詞句 a nice de-
caf tea により，それぞれ飲み物の状態，性質が詳述されていま
す。なかには，(21c) のような形容詞 nice のみで飲み物を表す
名詞を限定修飾する例もありますが，その数は非常に限られてい
るようです。

　第5は，動作の速さまたは序数などの様態を表す形容詞が，
飲み物を表す名詞を修飾し，「飲む」事象の様子を表す事例です。
(22) がその一例として挙げられます。[9]

---

[9] ちなみに，名詞句内の構成素が省略されず，様態を表す形容詞が換喩的
に「飲む」事象を修飾する場合，動詞 have, get などの使用が多くみられま
す。

(i) a. … I just came in here to have a quiet cup of coffee […] a little
        breakfast …   (SOAP, 2005, GH)
        （静かにコーヒーと朝食を少しとるのに来ただけ）

(22) a.　Want to *grab* **a quick beer** at Rodi's?

(SOAP, 2005, OLL)

（ロディの店で軽くビールを飲もうか）

b.　I guess I should have *grabbed* **a third coffee**.

(SOAP, 2011, YR)

（3杯目のコーヒーをすばやく飲むべきだったと思う）

形容詞が様態を表す事例は，先述の四つの事例に比べ，きわめて用例数が限られています。また，この例には，語彙的意味に動作の速さが内包された動詞 grab が生起しています。

3.2.2.　外延の提示による飲み物の性質の詳述

　次に，飲み物の性質が詳述される事例にみられる談話的特徴を考察します。この事例は，先行文脈で集合の外延が明示され，その成員として，名詞句 an Adj N を列挙することで飲み物の状況が詳述されています。

　また，提示される集合の外延には多様性がみられます。たとえば，(23) のように，外延が基本レベルカテゴリーに属する名詞句によって提示され，その成員が名詞句 an Adj N によって表される事例があります。

(23)　Man:　*Beer.*

Wes:　You want **a tapped beer**, you want **a bottled**

---

b.　... I'm just gonna get a quick cup of coffee and hit the gym.

(SOAP, 2006, YR)

（軽くコーヒーを飲み，ジムに出かけるつもりだ）

> **beer**? You want **a light beer**, you want **a
> dark beer**?

(SOAP, 2007, AMC)

　（男性：ビールを（ください）。

　　ウェス：生ビール，瓶ビール，ライトビール，黒ビールどれ
　　　　　にしますか）

基本レベルカテゴリーに属する名詞 beer が外延として提示され，
その下位レベルカテゴリーに分類される成員として，名詞句 a
tapped beer, a bottled beer, a light beer, a dark beer が列挙
されることでビールが詳述されています。

　また，(24) のように，外延に飲み物を表す名詞句が提示され，
その外延を表す名詞句の反復または修飾表現を付加することで飲
み物の性質が詳述される例もあります。[10]

---

[10] 形容詞を伴う名詞句の反復に関して，金澤 (2018) は次のような例を挙
げて意味的特徴の説明を試みています。

　(i) a. It's hard not to imagine a life, a great life.　　(SOAP, 2005, GL)
　　　　（人生を，すばらしい人生を想像せずにはいられない）

　　b. We were married, had two beautiful children […] It was a good
　　　　life. A safe life.　　　　　　　　　　　(SOAP, 2010, GH)
　　　　（私たちは結婚し，2 人のかわいい子どもに恵まれた。いい人生，
　　　　平穏な人生だった）

同一の名詞の反復により，後続する名詞句は先行する名詞句の意味を特定し
特徴付けています。その表され方には 2 種類あり，(ia) のような N, Adj-N
の構成素の組み合わせで形成される事例，(ib) のような Adj-N, Adj-N の構
成素の組み合わせから形成される事例があります。議論の詳細は金澤 (2018)
を参照してください。

(24) a. Oh, *coffee*. Can I get **some coffee**, *please*? **A big coffee**? (SOAP, 2008, YR)

(ああ，コーヒー。コーヒーをいただけますか。大きいサイズのコーヒーを)

b. Carly: Can I get you something? Would you like *something to drink*?

Lucinda: Umm, oh, no. I think I'll just have **a tea**, **plain tea**. (SOAP, 2005, ATWT)

(カーリー：何か持ってこようか。何か飲み物はいかが。

ルシンダ：いや，いいえ。紅茶を，普通の紅茶をください)

(24a) では，外延として coffee が提示され，some coffee, a big coffee と反復することで，コーヒーが次第に特定され，詳述されています。また，(24b) では，Carly によって something to drink が外延として提示され，a tea, plain tea と反復することで紅茶が特定され，詳述されています。[11]

---

[11] 句の構成素の反復は (i) のような動詞句，形容詞句にもみられます。

　(i) a. She bought a red dress, she bought a green dress, and she bought a blue dress. (Bolinger (1977: 7))
（彼女は赤色のドレスを買い，緑色のドレスを買い，青色のドレスを買った）

　　b. This building got taller and taller.

(Goldberg and Jackendoff (2004: 542))
（この建物はどんどん高くなった）

句の構成素の反復により，動作の強調，状態の程度の度合いの高さを表すことができます。

また，(ii) のような程度を表す副詞にも反復がみられ，状態の程度の高さを表すことできます。

　(ii) a. very, very good（大変よい）

さらに，(25) のように，外延の成員が飲み物ではなく，「飲む」事象が提示されることで詳述される例もみられます。

(25) a. Chad:　　I was in the neighborhood and *I wanted a beer.*

Vincent:　Right, and there weren't any other bars open in town?

Chad:　　**A really quick beer** …

(SOAP, 2007, PASS)

(チャド：ちょっと近くまで来たので，ビールを飲みたかった。

ヴィンセント：そうか，町でほかにどこか開いているバーはなかったの。

チャド：その時すぐにビールを飲みたかったから)

b. Anita:　We need to talk, away from Mama and the kids and everyone. […] *Two drafts.*

Maria:　I can't believe you drink.

Anita:　Just **an occasional beer**.

(SOAP, 2004, AMC)

(アニータ：ママ，子どもたち，みんなから離れたところで話があります。生ビールを二つお願いします。

マリア：あなたがお酒を飲むなんて信じられない。

アニータ：ビールをたまに飲むだけだよ)

---

b.　It's quite, quite beautiful. (それはかなり美しい)

(Huddleston and Pullum (2002: 585))

(25a) では，Chad の発言 (I wanted a beer) によって飲み物に
関わる事象が外延として提示され，アルコールを飲む話題が
Vincent と Chad との間で共有されて，名詞句 a really quick
beer により，ビールをすぐに飲む動作が換喩的に表されていま
す。(25b) も同様の過程を経て，名詞句 an occasional beer が
事象として解釈されています。Anita の two drafts の発言により
外延が提示され，Anita, Maria との間でお酒を飲む話題が共有
されることで，ビールを飲む頻度が，名詞句 an occasional beer
によって詳述されています。

　最後に，時間の過ごし方が外延として提示され，その成員とし
て「飲む」事象が示される例をみていきましょう。

(26) a. … it was *a really nice way to end the day*—**a nice
cold beer**, great view of the harbor.

(SOAP, 2007, GH)

(それが一日をしめくくる実によい過ごし方だった。おいし
い冷たいビールを飲みながら，すてきな港の風景を楽しむ)

b. … I am officially off duty. It's been *a long day* and
I need **a tall beer**. (SOAP, 2008, GH)

(仕事がやっと終わった。長い 1 日だった。大きいサイズの
ビールが欲しい)

(26a) では，外延が a really nice way to end the day によって
提示され，名詞句 great view of the harbor との等位接続により，
a nice cold beer が時間の過ごし方を詳述しています。また，
(26b) では，名詞句 a long day が提示され，名詞句 a tall beer
によって時間の長さが詳述されています。

58

3.2.3. 他の状況との対比による飲み物の性質の詳述

　ここでは，他の状況との対比によって飲み物の性質が詳述される事例を考察します。(27) のように，名詞句 an Adj N が食べ物を表す名詞句と等位接続されることで，飲み物の性質が詳述される場合があります。[12]

(27)　Could I get **a small coffee** and *one of those muffins*?

(SOAP, 2010, YR)

（スモールサイズのコーヒーとそのマフィンの一つを頂けますか）

名詞句 a small coffee は，one of those muffins との等位接続により，実在する飲み物として特徴付けられています。

　また，当該の名詞句，事象名詞句の等位接続により，飲み物が関与する事象を詳述する事例もみられます。(28) がその一例です。[13]

---

[12] (i) のように，飲み物を表す名詞句，食べ物を表す名詞句が等位接続されることで，「飲む」動作の対象物としてのコーヒーを表す例もみられます。

(i)　Would you like **a coffee** and *a croissant* for the road?

(SOAP, 2007, AWH)

（旅立つ前にコーヒーとクロワッサンはいかがですか）

[13] 飲み物を表す名詞句が，事象名詞句と等位接続される例もあります。具体例として (i) が挙げられます。

(i)　Hey, I was going to have *a break* and **a beer** if you want to join me.　　　　(SOAP, 2009, GH)

（ひと休みしてビールを飲むつもりだけど。一緒にどう）

(28)　　How'bout **a cold beer** and *conversation*?

(SOAP, 2005, BB)

（冷たいビールを飲みながら会話しませんか）

(28) の名詞句 a cold coffee，事象名詞句 conversation との等位接続により「冷たいビールを飲む」事象が表されています。

　ここで注目すべき点は，(29) のように，飲み物を表す名詞を修飾する形容詞，等位接続される事象名詞を修飾する形容詞が対義語の関係を構築することで，飲み物の状況が対比的に詳述される場合があるということです。[14]

(29)　a.　I can just go back to the hotel. Make myself **a hot coffee** and *a cold shower*.　　　(SOAP, 2006, GL)

（ホテルに戻って自分でホットコーヒーをいれ，冷たいシャワーを浴びる）

　　　b.　Nothing like **a cold beer** on *a hot summer day*.

(SOAP, 2003, YR)

（暑い夏の日に冷たいビールほどよいものはない）

(29a) では，名詞句 a hot coffee，a cold shower が等位接続され，シャワーの冷たさとの対比により，ホットコーヒーが特徴付けられています。また，(29b) では，名詞句 a cold beer，a hot

---

[14] 対義語の形容詞の代わりに，飲み物の状況を表す形容詞と概念的な対比を示す修飾表現が共起する，(i) のような例もみられます。
　　(i)　So you guys want **a cold beer** to *cool off*?　　(SOAP, 2002, AMC)
　　　　（じゃあ君たち，涼しくなるのに冷たいビールを持ってこようか）
名詞句 a cold beer，動詞句 cool off が，概念的に対比の関係にあり，体の熱い状態との対比により，ビールの冷たい状態が詳述されています。

summer day が同一文内に生起することで，夏の暑さとの対比で，冷たいビールが詳述されています。

4.　なぜ名詞句内の構成素が省略できるのか

　前節にて，名詞句 an Adj cup / glass は，cup, glass を形容詞修飾することで飲み物の状態を表し，句全体で隠喩的に「飲み物の量」を中心的に表すのに対し，名詞句 an Adj N は，飲み物を表す名詞（N）を形容詞修飾することで句全体が「飲み物の性質」を中心的に表すという意味的特徴を明らかにしました。

　この名詞句の意味的特徴に基づき，本論における二つの問いに対する説明を試みます。第 1 の問いは「名詞句内の構成素の一部が省略される場合，談話上どのようなメカニズムが機能しているか」ということでありました。

　本論はこの問いに対し，談話内でランドマーク（Landmark, 以下 LM），トラジェクター（Trajector, 以下 TR）の関係（Langacker (1991)）が構築される際，構成素が一部省略された名詞句が使われていると説明したいと思います。

　談話上，話し手，聞き手による情報共有が LM, TR の関係構築のための前提となります。そのため，ある事柄に関する話題が談話内で先行して提示され，それを基準として，話題の中心となる状況が示される談話的流れが必要とされます。その際，先行して提示され基準となる情報が LM として，話題の中心となる情報が TR として，それぞれ機能していると考えたいと思います。

　これに基づき名詞句 an Adj cup / glass の事例を考えてみましょう。談話内に，話題とされる飲み物の情報が提示され，この

情報を表す表現が LM として機能します。そして，話題の中心が「飲み物の量」の際，名詞句 a cup / glass が用いられ，TR として機能します。また，当該名詞句に生起する形容詞が，入れ物の大きさ，杯数の順序，飲み物の物理的性質，評価などを表すことで，隠喩的に飲み物の量を表しています。

　飲み物の性質を詳述する名詞句 an Adj N の事例も同様に説明されます。「飲み物の性質」を表すためには，先行文脈において，飲み物を表す外延ないしは飲み物の性質と対比される表現を LM として提示する必要があります。その上で，話し手，聞き手の間で話題の中心とされる「飲み物の性質」が，名詞句 an Adj N を用いて表され，TR として機能することで，飲み物の状況を詳述できます。

　とりわけ，当該名詞句に生起する形容詞は多岐にわたり，実体としての飲み物の種類，銘柄を表すもの，入れ物の大きさを表すもの，温度に関係するもの，評価および物理的状態を表すもの，様態を表すものなどが挙げられます。

　また，談話的特徴として，飲み物の外延が提示される際，TR として表される表現に多様性がみられます。下位レベルカテゴリーに分類される名詞句だけでなく，名詞句の反復，「飲む」事象などによって，飲み物の性質，飲み物が関与する事象の状況が詳述されています。なお，時間の過ごし方が外延として示される場合にも，名詞句 an Adj N が用いられる場合があり，飲み物の状況を描写することで，時間の過ごし方を詳述できます。

　一方，他の状況との対比の際には，LM として機能する当該の状況を表す表現に多様性がみられます。食べ物を表す名詞句，事象名詞句との等位接続による対比，飲み物の温度との対比などに

より，飲み物の性質，飲み物が関与する事象の状況が詳述されています。

　次に第2の問い「名詞句内の構成素の省略は何によって動機付けられているか」に対する説明を試みます。本論は，類像性の原理（iconicity principle）のなかの「量の原理」（quantity principle）によって動機付けられていると考えたいと思います。(30)は Givón (1991) による「量の原理」の定義を示しています。

(30) a. A larger chunk of information will be given a larger chunk of code.

　　　（より大きな情報からなるチャンクは，より大きな記号のチャンクで表される）

　　b. Less predictable information will be given more coding material.

　　　（より予測しにくい情報はより多くの要素で記号化される）

　　c. More information will be given more coding material.　　　　　　　　　　　　　　　　　(Givón (1991: 89))

　　　（より多くの情報がより多くの要素で記号化される）

「量の原理」は，概念的な情報量が記号化される句，文の長さに反映されるというものです。(30a) は情報が大きいほど，記号が長くなることを表しています。また，(30b) のより予測しにくい情報，(30c) のより多くの情報は，いずれもより多くの要素で記号化されることを示しています。この三つの「量の原理」のうち，本論では，飲み物を表す名詞句にみられる構成素の省略は，

(30c) が関与していると考えたいと思います。[15]

　この原理は，概念的な情報量が多いほど，より多くの要素で言語化され，情報量が少ないほど，より少ない要素で言語化されるというものです。(30c) の具体例として (31) が挙げられています。

(31) a.　John drank the beer in a hurry.　　　　[Active]
　　　　（ジョンは急いでビールを飲んだ）

　　 b.　The beer was drunk in a hurry.　　　　[Passive]
　　　　（ビールが急いで飲まれた）

　　 c.　John drinks a lot.　　　　　　　　[Antipassive]
　　　　（ジョンはたくさんお酒を飲む）　　　　　(ibid.: 89)

(31a) のような動作主，被動作主が含まれる能動文（Active）が，最も情報量が多く最も長く表されています。次いで (31b) のような動作主が省略され，被動作主と動作との関係を表す受動文（Passive），(31c) のような被動作主が省略された反受動文（Antipassive）と，情報量が少なくなるにつれて短い文法形式で表されるようになります。

　本論で考察した二つの名詞句は，飲み物に関する情報のうち「飲み物の量」「飲み物の性質」に関する情報を詳述していて，この情報は言語化する文法形式の長さに反映されていると考えられます。つまり，名詞句 an Adj cup / glass of N によって表される情報のうち，伝えたい情報に関係する構成素を用いて名詞句を形

---

[15] 金澤 (2018) による，英語の名詞句の反復がみられる現象に関しても，類像性の原理のなかの「量の原理」によって動機付けられていて，(30c) が密接に関与していると説明しています。

成しているということです。そのため，話題の中心となる情報を伝えられるよう，ほかの構成素を省略し，より少ない構成素を用いて名詞句を構成する必要があります。したがって，「飲み物の量」に関する情報を中心に伝えたい場合には of N を省略した名詞句 an Adj cup/glass を用いて，「飲み物の性質」に関する情報を中心に伝えたい場合には cup of または glass of を省略した名詞句 an Adj N を用いて，それぞれ表されていると説明できます。

　最後に，本論で考察した二つの名詞句の事例と関連する，構成素の省略の事例を紹介します。名詞句 an Adj cup/glass, an Adj N の事例は，いずれも動詞と共起することで用いられることが多いのですが，名詞句のみもしくは形容詞句のみで「飲み物を欲する」状況を表す場合があります。(32) は名詞句のみで表される一例です。

(32)　Trevor:　What can I get you?
　　　Kevin:　Just **a small coffee**. Thanks.

(SOAP, 2005, YR)

（トレバー：何にしますか。

　ケビン：スモールサイズのコーヒーをお願い。ありがとう）

Trevor の質問に対し，Kevin がスモールサイズのコーヒーを飲みたいと答える状況で，名詞句 a small coffee が使われています。

　また，3.2.2 節で示しましたように，「飲む」事象が構成素 glass of を省略した名詞句 a really quick beer, an occasional beer，それぞれによって表される場合があります。

（33） a.　Chad:　　I was in the neighborhood and *I wanted a beer*.

　　　　　　Vincent:　Right, and there weren't any other bars open in town?

　　　　　　Chad:　　**A really quick beer** …

　　 b.　Anita:　　We need to talk, away from Mama and the kids and everyone. […] *Two drafts*.

　　　　　　Maria:　　I can't believe you drink.

　　　　　　Anita:　　Just **an occasional beer**.

（＝（25））

この場合，聞き手，話し手のやりとりの過程で「ビールを飲む」事象に関する情報が十分に提示され，共有されることで，この名詞句を用いて事象を表すことができていると考えられます。

　さらに，（34）は形容詞句のみで飲み物の性質を表す一例です。

（34）　Jack:　　　How about a hot chocolate for the walk home?

　　　　Greenlee:　Yes.

　　　　Jack:　　　Yeah?

　　　　Greenlee:　**Extra hot**, please.　　　（SOAP, 2008, AMC）

　　　　（ジャック：歩いて帰るのにホットチョコレートはどう。

　　　　グリーンリー：いいね。

　　　　ジャック：よし。

　　　　グリーンリー：超熱いのを）

Jack からホットチョコレートを勧められ，Greenlee が答える際，

そのホットチョコレートの状態が，形容詞句 extra hot のみで表されています。ある英語母語話者の判断によりますと，(34) のような形容詞句のみで飲み物の状態を表す状況は，たとえば喫茶店の店主，常連客のような親しい間柄の会話で成立しやすいとのことです。

　この一連の事例より，名詞句内の構成素の省略を分析する際，話し手，聞き手が共有する情報量，話し手，聞き手の関係性などの要因も考慮しなければならないことが明らかとなります。

5.　おわりに

　本論では，英語の名詞句 an Adj cup/glass of N において構成素の一部省略により形成される，話し言葉における 2 種類の名詞句 an Adj cup/glass，an Adj N の事例，それぞれにみられる意味的，談話的特徴の解明を試みました。

　この二つの名詞句の使用は，飲み物の状態のなかでも「飲み物の量」「飲み物の性質」がゲシュタルト的に「図」「地」の概念の反転により決定されると想定することで分析を進めました。

　その結果，名詞句 an Adj cup/glass は「飲み物の量」を話題の中心として伝えたい場合に用いられ，形容詞は，その量を隠喩的に表していることを明らかにしました。また，談話的特徴として，話題とされる飲み物に関する情報が提示された上で，この名詞句が用いられやすいことを示しました。

　一方，名詞句 an Adj N は「飲み物の性質」の詳述を話題の中心として伝えたい場合に用いられ，形容詞によって飲み物の状態，性質が具現されていることを明らかにしました。また，談話

的特徴として，名詞句の飲み物に関する外延ないしは飲み物の性質と対比される状況が提示されることで用いられる傾向が強くみられることを明らかにしました。

　一連の観察を踏まえ，本論はいずれの事例においても談話内でLM，TR の関係が構築される際に，構成素の一部が省略された名詞句が使われると説明しました。また，名詞句 an Adj cup/glass の場合，話題となる飲み物を表す内容が LM として，当該名詞句によって表される飲み物の状況が TR として，それぞれ機能しています。名詞句 an Adj N の場合，話題となる飲み物の外延または対比される状況が LM として機能し，外延の成員または対比の対象として，名詞句 an Adj N が TR として機能することで用いられると説明しました。

　この概念的意味の特定化は，構成素の省略部分および文法形式の長さに対応していて，類像性の原理のうち「量の原理」によって動機付けられていると説明しました。さらに，本論で考察した 2 種類の名詞句との関連で，名詞句 an Adj N または形容詞句のみで，飲み物の量または性質，「飲む」事象の状況を表す事例があることを紹介し，名詞句内の構成素の省略を分析するためには，話し手，聞き手が共有する情報量，話し手，聞き手の関係性なども考慮する必要があることを示しました。

第 3 章

語用論と文法の接点からみる「脱規範」

―二重 that 構造の場合―*

住吉　誠

* 本章は，2018 年 5 月 20 日（日）に，東京女子大学で開催された日本英文学会第 90 回大会シンポジウム第十一部門「話し手・聞き手と言語表現―語用論と文法の接点―」において口頭発表した，「「脱規範的」冗長構造をコンテクストから考える：二重 that 構造の場合」の内容にもとづくものです。この発表は，JSPS 科研費（17K02833）の助成を受けたものでした。発表からいささか間遠になり，発表原稿に大幅な加筆修正を行いました。本章執筆にあたって，JSPS 科研費（20K00673）の助成を受けました。ここに記して感謝申し上げます。

以下，本章で使用したコーパスは Corpus of American Soap Operas（SOAP）と Corpus of American Contemporary English（COCA）です。

1. はじめに

1.1. 実例にみる「脱規範」

　ここ数十年の英語研究を眺めると，研究データをコーパスに求めることの妥当性を主張するのに多言は要しません。かつては自身の内省データをもとに研究を推進していた理論言語学者の中にも，コーパスが提供する多種多様な例に目を向ける人がでてきました。コーパスに収められている例を眺めると，これまでの規範では誤りとされてきたものや，文法上存在しないとされてきた形に出くわすこともしばしばです。このような例は，人間の言語使用がいかにしなやかで創造的なものかを認識するきっかけを与えてくれます。従来は考察の対象にもならなかった変則的な例を重視し始める言語学者が出てきたのは，慣用性から離れる「自由奔放な」人間の言語使用の側面に光を当てることで，「従来の言語観の更新を迫るような深い洞察が得られることもある」（住吉・鈴木・西村（編）(2019: vi)）からです。

　しかし，コーパスの中から手掛かりなしに脱規範的・変則的な例を探し出すことは極めて難しいものです。まずは，そのような形が使用されているのだという気づきが必要になります。また，脱規範的表現がどのような形で現れるかということを知るのも重要でしょう。そのような気づきはどこから生まれるのでしょうか。それは日常の読書や映画鑑賞，何気なく視聴するラジオやテレビ番組です。Radford (2018) は，本章で取り上げる二重 that 構造も含めて，ニュースなどから集めた興味深い脱規範的な実例をたくさん扱っています。Aarts (2007: 83) は，ラジオなどから収集した実例に，複数の統語構造が融合して生まれた新たな形

を見出しています。内省よりも実例に重きを置くことで見えてくることは多くあります。

　ここで，筆者が折に触れて集めた脱規範的例をいくつか挙げてみましょう。ここでいう「脱規範的」というのは，伝統的・理論的な規範の束縛から解放されているという意味です。「文法書，語法書，辞書，論文などで可能なものとして一般的に挙げられている形とは異なるもの，そもそもこれまで可能な形として指摘がなかった」形や表現のことです。以下，例文，引用文における下線，太字，斜体は断りのない限りすべて筆者によるものです。

(1)　We sometimes hear news reports warning of asteroids passing close to Earth, with **the possibility for disastrous results if there was a direct hit**.

(*Voice of America*, April 28, 2019)

（直撃したら破滅的結果をもたらす可能性のある隕石が，地球の近傍を通過することを警告するニュースが時折報道されます）

if 節中の仮定法 was も標準形式とされる were と異なっていますが，それ以上に興味深いのは，本来，節で表されるべき仮定法の帰結部分が the possibility for disastrous results と名詞句で表現されていることです。教科書などでは，if 節が異なる統語形式で表される場合に触れられることがあります（例：To hear him speak English, you would take him for an American.）。しかし，帰結部分が節以外の形式で表出される場合はほとんど言及がないと思われます。この名詞句を節に戻せば There could be disastrous results / Disastrous results could happen のようなものにな

るでしょう。ここでは帰結部分を with に後続させるために，仮定法の助動詞 could が表す意味を possibility で表し，節で表現される内容を名詞句に押し込んだ形になっています。

(2) Meghan supports sustainable fashion, explained Holly Rains, digital editor at magazine Marie Claire UK. Her less costly accessories quickly sell out from stores and websites. **"The jewelry, the bags … is where** we can … get that kind of Meghan touch …," Rains said. (*Voice of America*, March 22, 2019)

（雑誌『マリークレア UK』デジタル版の編集長であるホリー＝レインズは，メーガン妃は持続可能なファッションの支持者だと説明した。妃の着けている，お求めやすい価格のアクセサリーは実店舗でもウェブストアでもすぐに売り切れる。「彼女の着けている宝石や使用しているバッグは一般人がメーガン妃ぽくなれるものなのです」とレインズは言う）

従来，A pandemic *is when* a disease spreads around the world. (*Voice of America*, November 24, 2004)（パンデミックとは病気が世界中に広がることをいう）のような，〈X is when 節〉という形が知られていました。この形は when 以下が X の定義を述べたり，X の例を説明したり，X の場合の同定をしたりする時に使用されます。この構文の when は必ずしも「時」の意味を持つものではありません。[1] (2) の例の where も本来の「場所」の意

---

[1] Sumiyoshi（2008）で多種多様な実例を挙げたので，興味のある方は参照してください。

味を表さず，X に生じた宝石やバッグを所持することの結果を
説明しています。

(3)　If you want to remain part of the single market and
the customs union, **be open that** this would require
free movement, rule-taking across the economy and
ongoing financial contributions, none of which are, in
my view, compatible with the result of the referen-
dum.　If you … and if … if you want to leave without
a deal, **be upfront that** in the short term, this would
cause significant economic damage to parts of our
country who can least afford to bear the burden.

（テリーザ・メイ英元首相が 2018 年 12 月 10 日に下院で行っ
た答弁）[2]

（(EU 離脱案反対派に対して）単一市場と関税同盟にとどまり
たいのであれば自由な移動は認めねばなりませんし，経済分
野全般でルールに従う必要があります。そして継続的な分担
金の拠出が必要なことも認めねばなりません。私の見るとこ
ろ，そのどれもが国民投票の結果とは相いれないものです。
もし合意なき離脱を望むのであれば，短期的に，その重荷に

---

[2] インターネット上で公開されているこの答弁のトランスクリプトは自動
音声認識によるもので，実際の発言を正しく表していない部分があります。
たとえば，あるトランスクリプトでは，発言中の ongoing が on billing と
なっていました。そのため，この引用例は公開されている動画の音声から直
接本章筆者が書き起こしたものです。最後の部分で parts of our country を説
明する who 以下の関係代名詞節も興味深いところです。おそらく地方に住む
人々を意識したため who で受けたと思われます。

　　堪える余裕のない地方の人々に大きな経済的ダメージを与え
　　ることを率直に認めなければならないのです）

　形容詞がどのような統語パタンをとるのかということについて
は，判断が難しい場合が多くあります（八木 (1999), 住吉 (2020)）。
(3) の例でも be open / be upfront が that 節を取り，それぞれ受
け入れる内容と認める内容を表しています。このようなパタンは
辞書に掲載がありませんが，形容詞の表す意味を考えれば that
節をとっても何ら不思議ではありません。that 節をとるかどうか
という問題は，動詞や句動詞でも関わってきます。次の例を見て
みましょう。

(4) a. I was always religious in one way or another and I
　　　had an enquiring mind, so I **picked up** very early
　　　from the faith I was born into and wanted so badly
　　　to embrace, **that to be a woman was, in some**
　　　ways, a compromised position.

　　　　　　　　　　　　(Mary McEvoy, *How the Light Gets In*)[3]
　　　（私は常にあれやこれやと敬虔な信者だったし探求心を持っ
　　　ていました。だから私が生まれ落ちた教義，それは狂信的
　　　に信奉したいと思っていた教義ですが，その教義から，女
　　　性であることはいくつかの点において，不名誉な立場であ
　　　ると早い時期にわかったのです）

　b. He **picked up** from different conversations **that the**

---

　[3] 著者の Mary McEvoy はアイルランド出身で，この本もアイルランドの
出版社から出版されています。

Germans were going through the motions of ‘proving’ that all the Jews were criminals, because a Red Cross observer from Geneva was present in court that morning.

(Jeffrey Archer, *The Fourth Estate*)

（彼が歩哨たちの会話から知ったことは，ドイツ人たちが，ユダヤ人を全員有罪だと形だけ「証明」するらしいということだ。（形だけの証明なのは，）その日の午前中，ジュネーブから来訪した赤十字の役人が裁判を傍聴していたから（いつものように審議なしにユダヤ人を有罪にするということができないから）だった）

　この that 節は句動詞 pick up の目的語節として働く that 節です。pick up は多くの意味を持ちますが，主に〈pick up＋from … ＋that 節〉の形で notice や recognize に類する意味で使われることがあります。この形も実例によってパタンの多様性に気づかされる例の一つです。

1.2.　二重 that 構造

　一方で，ある語があるパタンをとることがわかっていても，その「取り方」が脱規範的な場合があります。以下の例を見てみましょう。

(5)　“I **think that** *in this era, where people are really hungry for someone that they can trust and a team they can trust*, **that** it’s just something they sense in their gut,” Muir says.　　(*TIME*, August 28, 2018)

（「みんなが信じられる人，信じられるチームを渇望している今の時代に，それって本能的に感じるものだと思うんです」とミューアは言う）[4]

think が that 節をとる動詞であることは周知の事実です。興味深いのは，think の直後だけでなく，その後の節内において if 節に続く主節が始まる際にも that が繰り返されている点にあります。

当該の形の類例を挙げてみましょう。以下の表記では，that と that にはさまれる要素を X と表示しています。

■ タイプ 1：〈動詞＋that＋X＋that＋節〉

(6) We **think that** *if we do that with an amnesty again as part of a package*, **that**, once again, we will be sending the wrong message.

(*Voice of America*, April 28, 2006)

（政策の一部としてもう一度不法移民に恩赦を認めてしまうと，再度間違ったメッセージを伝えてしまうことになると思います）[5]

---

[4] このような形において，二つ目の that が then などの誤植やタイプミスでないことは次のような例から理解できます。

(i) And I bet you think **that** if you keep me here a little while longer, **that** *then* he'll turn to you. (SOAP)
（もしここに私をもう少し留めておけば，彼があなたに頼ってくると思っているのでしょう）

また，in this era, where ... の部分は，教科書的に「正しい」とされる関係副詞 when が使われていません。この脱規範現象については住吉（2023）を参照してください。

[5] that の指す内容を明示して訳出しています。

■ タイプ 2 :〈動詞 + X + that + 節〉[6]

(7) "State governments need to **recognize** *if they have private colleges in their state with underutilized capacity*, **that** the first thing they should do is to make sure that those institutions remain viable. If they do, chances are they will need to spend fewer tax dollars to keep higher education opportunities available for the residents of the state."

　　　　　　　　　　　　　　　　　(*Voice of America*, May 06, 2017)

（州内に能力を十分に発揮できていない私立大学がある場合，州政府がやるべき最初のことは，そういった大学が自立して教育研究を続けていけるようにすることだと，州政府は認識する必要があります。そうすれば，おそらく州民が高等教育の機会をこのままずっと得られるようにしていくのに投入される税金も少なくてすむでしょう）

(8) The bad news was that（中略）and he did still **think**, *if he was honest* (*and if Will had anything approaching*

---

[6] 表面上は類似していますが，次のような例はここで対象としている形とは異なります。

  (i) 'I think you'll find,' he said, 'to adopt one of your more overused expressions, that when it comes to the vote tomorrow, I shall win in a canter.'　　　　　　　　(Jeffrey Archer, *The Fourth Estate*)
（君が手あかのつくくらい使っている表現の一つを借りれば，明日の選挙では僕が「圧勝」だよ）

ここでの to adopt … expressions は挿入句ですが，本章で問題にしているものではありません。to 不定詞句は find がとる that 節の中にあるべき要素ではないからです。本章で議論の対象とするのは，X の部分が本来 that 節の中に存在するべきものです。

an ethical belief, it was that lying about yourself in questionnaires was utterly wrong), **that** owing a fast car was likely to impress women.

(Nick Hornby, *About a Boy*)

((Will にはイケてるところも多かったが) 彼がイケてないのは，(中略)，自分が正直なら (彼に倫理的信念ぽいものがあったとするなら，それは「アンケート用紙にうその自分を書くのはよくない」くらいのものであったが)，かっ飛ばせる車を持っていれば女性を落とせると未だに思っていることであった)

ここでは，それぞれの形を タイプ 1，タイプ 2 と呼ぶことにしましょう。タイプ 1 では that が繰り返され，タイプ 2 では最初の that が省略されますが，どちらも (that) 節内で主節が始まる段階で that が明示されます。タイプ 2 では最初の that が省略されていますが，二つ目の that が冗長であることに変わりありません。

　次例では，sure に続く that was what she meant までは通常の文法的配列で，その後の or 以降が二重 that 構造になっています。

(9)　But she **was not sure** that was what she meant, or *even if it was,* **that** it was *all* she meant.

(Stephen King, *The Stand*)

(しかし，彼女はそれが自分が言いたかったことなのか確信がなかった。たとえそれが言いたかったことだとしても，それで全部なのかはわからなかった)

この例は本来的には … or that even if it was, it was all … となるべきところであり，タイプ2の例です。

　まず，このような形を単なる「言い間違い」とする可能性を排除しておきましょう。Liberman（2004）では，この形を説明するいくつかの方法を指摘してはいますが，当該の形を「誤り」とする見解を提示しています（「また that やっちゃった理論」（"oops I did "that" again" theory）と呼んでいます）。確かに，通常の標準的な文法から見れば，この形は規範から逸脱していると判断できます。現に，規範的語法書である Partridge（1994, s.v. that (conj.), redundant）では，この形を誤用であると述べています。しかし，上で見たように，一つ目の that が生じない例もあることから考えると，問題は「that が繰り返される」ということそのものよりも，一つ目の that があろうがなかろうが，(that) 節内に生じる主節（〈動詞（＋that）＋X＋that＋節〉の下線部）の前に that を置くということに着目することが重要でしょう。「この必要のないところに that を置く」という現象が頻繁に生起することは，英語の事実として大きな意味を持っています。このような現象が繰り返し観察されるという事実の裏に，英語母語話者に広く共通した言語使用の動機があるはずです。規範からの逸脱には間違いありませんが，この形を「単なる誤り」であるとすると，この形の言語使用の裏にある本質が見えてきません。

　ある語や表現が that 節をとるかどうかという問題は，語とパタンの意味的な関係で見ていけばよいので，取り立てて語用論的な要因を考慮する必要はありません。しかし，本章が問題とする，本来不必要な that が生じる形は，文の文法の範疇で考えるよりも，視点をより広くとって語用論的・文脈的要因を考えてい

く方が自然な説明ができると思われます。本章では，このような形を Radford (2016: 258) に倣って「二重 that 構造」(double-*that* structure)[7] と呼び，この脱規範的な形が使用される要因をより広い視点で考えてみましょう。

2. 歴史的事実

まず，英語の歴史的な事実を押さえておきたいと思います。Traugott (1992: 238) は，古英語において *þæt* 節（現代英語の that 節）内に従属節が生じる場合，つまり，if X, Y のような文が that 節内に生じる場合，従属節 (if X) は，that 節に先行していたとして次のような例を挙げています。

(10) ... þohte   gif he hi   ealle ofsloge, **þæt** se an
     ... thought if he them all   slew, **that** that one
     ne ætburste   þe he sohte
     not would-escape PT he sought   (*ÆCHom* I, 5 82.10)
     he thought that if he slew them all, the one he sought
     would not escape

この例では þæt が補文標識です。þæt の前に従属節である gif 節 (if 節) が先行していることに注意しましょう（注釈中の PT は particle（不変化詞）を示しています）。

また，従属節が長い (lengthy) 場合，補文標識と主語が繰り返

---

[7] 一つ目の that が生じないこともあるので，「二重」ではない場合もありますが，本来必要のないところに that が生じるこの形を，便宜上こう呼んでおきたいと思います。

される場合があるとして，次のような例を挙げています。

(11) Forðæm hit is awriten **ðætte** Dauid, ða　 he　ðone
Therefore it　is written **that**　David, when he　that

læppan forcorfenne hæfde, **ðæt** *he* sloge on his
lappet　cut-off　　 had,　 **that** *he* beat　on his

heortan
heart　　　　　　　　　　　　　　　　　 (*CP* 28 199.6)

Therefore it is written that, when he had cut off his
lappet, David beat his breast.　　 (Traugott (1992: 239))

この例では awriten（written）の直後から that 節が始まりますが，
that 節内の主語である David の後に「長い」when 節が挿入され
ますので，when 節が終わった段階でもう一度 that を繰り返し，
さらに主語を代名詞 he で繰り返しています。細かい部分で異同
はありますが，補文標識が繰り返されるという点において本章で
扱う二重 that 構造と類似の現象です。

　このように，that が 2 回繰り返される場合があるという歴史
的事実は確認されますが，〈動詞／形容詞／名詞 + that 節〉とい
う基本的な構造が確立した現代英語において，どのような理由か
らからこの脱規範的二重 that 構造が使用されるのでしょうか。
確かに (5)-(9) の例においては一つ目の (that) と二つ目の that
の間にある要素 ((that) X that … の X) はかなり長いものです。
Traugott のいう「長い」(lengthy) という構造的な理由は，二重
that 構造を生み出す一つの要因と考えられるかもしれません。し
かし後で見るように，すべての当該例において必ずしも X に生
じる要素が長いということでもありません。この形は，文文法と

は異なる観点から考えてみる必要があると思われます。

3.　英語に見られる「脱規範的冗長性」

　ここで，本章でいう「冗長性」について明確にしておきましょう。Freywald and Finkbeiner (2018) は，同一要素や表現が繰り返される現象を，語彙的・文法的現象としての「重複」(reduplication) と語用論的現象としての「反復」(repetition) に分け，これらは画然と区別できるものではなく連続体をなすと考えています。上掲論文で触れられている例を借りれば，ジャマイカ・クレオール語 (Jamaican) では luk は「見る」の意味で，luk~luk は「見続ける」という意味を表すそうです。後者は語を重ねることで文法範疇であるアスペクト（ここでは継続）を表現しています。このような現象は「重複」です。一方，I shall never, never smoke again. は「反復」とされています。never の繰り返しは話者の決意の強さ（強調）を表しますが，それは文法的範疇の問題ではありません。語用論的領域の現象です。

　次例を考えてみましょう。

(12)　'… if this is **a date date**, and it feels like one to me, then I thought I ought to tell you.'

(Nick Hornby, *About a Boy*)

（… もしこれが（男と女がするものという意味での）デートっぽいデートなら，まあ私にはそう思えるんだけど，あなたに言わなきゃと思ってたのよ）

このような同一語句・表現を繰り返したものを Horn (2018) は

「語彙的クローン」(lexical clone) と呼んでいます。このような〈X＋X〉表現は，本来は程度性がない X を尺度化し，その X の「らしさ」度合を強調する意味を表しています。(12) の例は「デートっぽいデート，デートデートしたデート」[8] ということになるでしょう。このような X を重ねる構文的手法は重複の一種とされています。これも本章でいう「冗長性」ではありません。

　本章でいう「冗長性」(redundancy) は，本来必要のない語を繰り返し，結果的に通常の文法から逸脱する形を生み出してしまうことを指しています。重複とも反復とも異なる現象です。タイプ1，タイプ2のように，補文内に生じる主節の前に本来必要のない that を使用するのは文法的に逸脱した冗長な形式です。文法的には本来使う必要がないものを追加するという「脱規範的冗長性」を示しています。英語ではこのような脱規範的冗長性がしばしば観察されます。

　たとえば，Denison (1993: 134) は，二重前置詞は「誤りとみなされる」(They are regarded as errors.) としています。

---

[8] この訳語からもわかるように，日本語でも同一名詞を重ねる重複表現が使われます。次例も子供という程度性のない名詞を重複させ，小動物（ここでは子猫のこと）の「子猫らしさ」を表現しています。
　(i)　しかし今眼前にこの美しいそして**子供子供した**小動物を置いて見ているうちにそんな問題は自然に消えてしまった。
　　　　　　　　　　　　　　　　　　　　　　　（寺田寅彦「鼠と猫」）
このような重複表現がどのような名詞で可能になるのかも興味あるところです。換言すれば，重複させることでどのような名詞に程度性を付与できるのかという問題になります。個人的には「本本した書籍」などとは言いづらいものですが，「絵本絵本した本」は容認できるように感じます。

84

■二重前置詞（double prepositions）

(13) a pamphlet **of** which he came into possession **of** in London　　(Sharp, Browning 120) (Jespersen (1927: 192))

(14) I had nobody **to** whom I could in confidence commit the secrecy of my circumstances **to**.

(Defoe, 18th c.) (Bergh (1998: 1))

(15) Mr. Hardy's the Mason's Lad, **to** whom I gave a Shilling **to** last Saturday　　(1790 Woodforde, *Diary* III 228.5 (20 Nov) (Denison (1993: 134))

一見して明らかなように，それぞれの例において二つ目の前置詞（of / to / to）は不要なものです。Poutsma（1928: 480）は，このような前置詞の脱規範的冗長性が生じる理由を，文のリズムや記憶の限界（話し手・書き手がすでに一度前置詞を使ったことを失念してしまう）に求めています。[9]

---

[9] これとは逆に本来使用せねばならない前置詞を落としてしまう，「脱規範的簡略化」があります。Jespersen（1927: 193）に次のような例が引用されています。

(i)　*in* the voyage he was now engag'd　　(Defor R 2.142)

最初の in は in the voyage（その旅で）の前置詞句を構成する一部なので，後続の関係節では engaged が必要とする in が欠けていることになります。本来ならば in the voyage he was now engag'd in となるべきところです。

前置詞の冗長性・簡略化をそれぞれ「前置詞複製」（preposition copying），「前置詞刈込」（preposition pruning）と呼んで，その使用動機について考察したものが Radford, Felser and Boxell（2012）です。スポーツニュースなどから興味深い例が多数紹介されているので参照してください。このような冗長性・簡略化は言語使用の場で可能になる形です。Radford らの議論と Poutsma（1928）の説明は一部類似するところもあり，言語使用における話し手の言語処理のしくみの一端を明らかにするという意味で興味深いものです。

try to V が try V になるのも，必要なものを落としてしまう脱規範的簡略

■ 否定分離不定詞における to の繰り返し

(16) India says its troops will stay where they are but has promised **to not to** take any aggressive measures.

(Voice of America, June 12, 2005)（住吉（2016: 37)）

（インドは軍隊を現在の場所に留めおき，強硬手段は採らないと確約した）

(17) Even the stupidest crooks know enough **to not to** spell out their plans on a post card.

(British National Corpus)（住吉（2016: 37)）

（頭の悪い詐欺師ですら自分たちの計画をはがきに書いてしまわないくらいの知恵はある）

(18) … but the former journalist has exercised his right **to not to** respond to questions, …

(Voice of America, July 16, 2019)

（しかし元ジャーナリストは，質問に答えないという権利を行使した）

　本来標準的とされる不定詞の否定形は not to V です。一方，to not V の形は，規範的に厳しく批判されてきた分離不定詞です。(16)(17)(18) は，to not to V という本来ならあり得ない形になっています。おそらく to not とした時点で，これでは分離不定詞の規範に反してしまうという意識が発話者に働き，さらに to をつけて分離不定詞を避けようとしたと考えられます。結果的に現代英語としては脱規範的冗長性を持った形が生まれ

化の例と言えるでしょう。詳しくは住吉（2019）をご覧ください。

ます。

このように，本来必要のないものを追加してしまう脱規範的冗長性は英語にしばしばみられる現象ですが，どのような要因からそれらが生じるかは現象によっても様々であり，それぞれの例を検討して考えていかねばなりません。本章では以下，二重 that 構造という脱規範的な冗長性を持った形を，文の範疇ではなく，より広い文脈の中で考えていきたいと思います。[10]

4. 二重 that 構造についての言語事実の確認

4.1. 先行研究

いくつかの研究で，補文標識の that が繰り返し生じるということが指摘されています。単に例を挙げるものから，生成文法の

---

[10] 次のような形も脱規範的冗長構造と言えると思います。

(i) … we've barely heard a peep from him. Is it because he's adjusting to his new position, for which he has no relevant experience? Probably. Is it **because**, as his surrogate said, **that** he's not qualified to run a federal agency? Could be that, too.　　　　(SOAP)
（彼から文句が聞こえてくることはほとんどありません。それは彼が全く経験のない新しい立場に順応しようとしているからでしょうか。おそらくそうかもしれません。それとも代理人が言ったように，彼に連邦機関を運営する資格がないからでしょうか。それもありなんというところです）

ここでは because の後に as の挿入句が入ったため，that を置くことでそれ以降の部分が because の節であることを明示しています。接続詞 because が by the cause that から発達してきたことは歴史的な事実として知られています。しかし，because の直後に that を置くことが認められていない現代英語の文法(He doesn't like gazpacho [because (*that) he can't stand garlic] ((*that) はこの位置で that を使用してはならないことを示します) (Radford (2018: 105))) を考えると，この形は非常に興味深いものです。

分析方法で考察するものまでありますが，あまり専門的になりすぎない程度に代表的なものを見てみましょう。[11]

Haegeman（2012: 84）は *Guardian* などのニュースメディアの資料から以下のような例を挙げています。

(19) a. He reminds me **that** *in the days of Lloyd George* **that** business leaders were frequently buying their way in.　（*Guardian*, G2, November 20, 2000: 9, col. 2）
(彼を見ていると，ロイド＝ジョージの時代に財界人たちが頻繁に金に物を言わせて権力の中枢に登りつめていたこ

---

[11] 以下の議論の中で触れる，二重 that 節構造の使用理由にトピック性が関わることについては，本章のもとになったシンポジウム発表（2018 年 5 月 20日）でも議論しました。この構造にトピック性が関わっている可能性についての議論は Radford（2018）と軌を一にしています（ただし Radford はこの形を生成文法的な考え方でどう分析できるかという議論の過程でトピック性に触れていますが，最終的結論は本章のそれとは異なっています）。シンポジウム発表時（2018 年 5 月）は，Radford（2018）は刊行前でした（ケンブリッジ大学出版のウェブサイトによれば当該書は 2018 年 6 月刊行）ので，発表時点では未見でしたが，本章執筆時において Radford の引用する例も参考に大幅に加筆を行いました。Radford の分析はかなり専門的な知識を必要としますので，本書の性質上ここでは深く立ち入りません。本章では，より広いコンテクストの中で実証的に当該構造を考えています。以下，コーパスから引用する例は機械的な検索を行うため統語形式が限られていますが，Radfordでは多彩な実例が引用されています。

また，同じくシンポジウム後の公刊ですが，スペイン語に見られる同様の現象と英語の対照言語学的考察は Villa-Garcia（2019）に見られます。かなり興味深い例が多く引用されています。Radford や本章の議論と同様に，二重that 構造にトピック性が関与することにも触れています。このような先行研究でトピック性に言及していることは注目に値しますが，本文の議論で述べるように，問題の本質は，一つ目の that の有無というよりは，二つ目の thatが生じることにあります。

とを思い出す)

b. And does anyone actually believe **that** *there, in the dark, their imagination exposed to the various forms of horrific imagery in those three films* (*and countless others*), **that** young kids are protected by being with a parent or a guardian?

(*Independent on Sunday*, August 27, 2006: 17, col. 3)

（映画館の暗闇の中で，この三つの映画（や他の数多くの映画）に出てくる恐ろしい映像に子供たちの創造力がさらされているのに，子供たちは親や保護者と一緒にいることで守られるなんてことを実際に信じている人がいるのでしょうか）

(19b) の例を見ると，二つの that の間にはさまれる要素 (X) がかなり長いものであるのがわかります。このような実例を多く紹介した後，彼女は，X は付加詞 (adjunct) であって，項 (argument) ではあってはならないと述べています (Haegeman (2012: 85))。

(20) *I hope that what their parents did for them that they'll never forget.

この what their parents did for them という自由関係節は動詞 forget の目的語で，それが左に移動し前置されたものです。この自由関係節は目的語すなわち動詞の項であったもので，この場合 (20) のような二重 that 構造は容認されないとされています。一つ目の that が省略されているタイプ 2 についても，タイプ 1 と

同じく X は項であってはならないと主張されています。[12]

　また，このように補文標識が繰り返される現象は，that 節のみならず if 節や whether 節でも見られるということが実例で示されています。

(21)　I wondered **if**, given the same circumstances, **whether** a man such as Bird would have gone on a similar rampage 60 years ago.

　　　　　　　　　　　　　(*Observer*, June 6, 2010: 25 col. 3)[13]

　　　（同じ状況であれば，バードのような人は 60 年前に同じように暴れまわったのだろうか）

英語の標準的文法では補文標識が繰り返される形は認められていませんが，スペイン語などのロマンス語系統の言語では類似の構造は問題なく使われるということです。この現象を Haegeman は「再補文構造」(recomplementation) と呼んでいます (p. 86)。

　この二重 that 構造について数多くの興味深い指摘が Radford

---

[12] このような構造を理論的（生成文法的）にどう分析するかについては，ここでは立ち入りません。詳しくは Haegeman (2012) と Radford (2018) を参照してください。

[13] このような事例が特殊な形であることは，この例と同じように if の直後に挿入句が入っても補文標識は「繰り返されない」のが通例であることからもわかります。

(i)　I'm wondering **if**, when you think about the baby that Theresa's carrying right now, you wish it was hers instead of Gwen's?

　　　　　　　　　　　　　　　　　　　　　　　(SOAP)

　　　（テレサが今抱いている赤ん坊のことなんだけど，グエンの子じゃなくてテレサの子だったらいいなと思ってるのかい）

90

(2018) でなされています。[14] 彼は多くの実例を引用し，X に現

---

[14] Radford（2018）では，本章で扱う二重 that 構造だけでなく，通常の文法では認められない構造を持った興味深い実例が多く引用されています。その一つが，以下に挙げる補文標識 that のあとに wh 節が生じる形です（p. 115）。

   (i)   Meg, can I ask [**that how** many police would normally be on duty at any one time]?   (Neil Ashton, Talksport Radio)
       （メグ，ふつうは一度に何人の警察官が勤務につくのか教えてくれますか）

   (ii)   It just makes you wonder [**that**, if we haven't got this world cup, **whether** will we get one]?   (Alan Shearer, BBC Radio 5)
       （そう考えると，もしこのワールドカップをものにできなかったら，別のワールドカップで優勝できるのかと思いますよね）

Radford は ask も wonder も that 節を取らない動詞なので，このような形を混交構文（blend）として扱うことは難しいと述べています。たしかに「尋ねる」の意味の ask や「不思議に思う」を意味する wonder は that 節と共起しませんが，それぞれ「頼む」「驚く」の意味では that 節をとることができます。このような形に構文の混交だけでなく意味の混同もかかわっているのか，それとも ask that / wonder that といった形があまりにも密接な連鎖を成すので思わず口をついて出てしまったのか，この問題についてはいろいろな観点から考えていく必要があると思います。また二重 that 構造同様，このような形はスペイン語などでは認められるというのも興味深いところです。

  さらに，that 節の後に yes / no 疑問文や命令文が後続する実例も引用されています（p. 116）。

   (iii)   Umpires should be saying [**that** is there any reason why it should be given out?] (Chris Martin-Jenkins, BBC Radio 5 Sports Extra)
       （審判たちは，それをアウトにする理由があるのかと言っているのだと思いますよ）

   (iv)   What you're trying to ask is [**that** are they happy with the business they've done so far?]   (Darren Gough, Talksport Radio)
       （あなたが聞きたいことは，彼らがこれまでやってきた事業に満足しているのかってことですね）

   (v)   I think his family will be saying to him [**that** yeah, get yourself out there!]   (Matt Holland, Talksport Radio)
       （家族は彼に，そう，自分の殻を破ってと言ってるんだと思います）

れる要素として次のものを指摘しています[15](p. 122ff.)。引用元では例文末尾にピリオドを付与していないので、そのまま引用します。

■ 付加詞

(22) I put it to him [**that** *with such a huge event and with so many vessels on the water*, **that** safety should be the number one priority] (Phil Williams, BBC Radio 5)

(そんな大きなイベントで、そんなに多くの船が会場に出ているのであれば、何にもまして安全が第一であると彼に言った

Radford は、このような例の that は発言をそのまま引用する機能を持つ「引用補文標識」(quotative complementiser) であると述べています。すなわち that の後に直接話法が生じているのと同じこととみなしています。ただしこのような that + wh の形ですべてが直接引用でないことは Radford も指摘しています。次の例ではいわゆる that の後に間接話法が生じています。そのことは語順から理解できます。

(vi) Among the wider Greek community, is it understood [**that** what he has done and why he has done it]?
(Suzanne Chislet, BBC Radio 5)
(もっと広いギリシャのコミュニティーでは、彼がやったこととそれをやった理由が理解されているのですか)

[15] Radford は次例を挙げ、X に場所の前置詞句 (local prepositional adjunct) が現れる場合があると述べています。

(i) It's something [**that** *off the pitch* **that** we've got to help the players deal with] (Football executive, BBC Radio 5)
(それはピッチの外で選手たちがやるのを助けてあげなければならないことです)

しかし、この that は関係代名詞であり、問題にしている補文標識の that ではありません。Radford の挙げる実例の中で、場所の前置詞句が X に生じたものはこの例だけです。また本章筆者は、X に場所の前置詞句が生じている例を見つけることができなかったので、ここでは X に現れる要素の一つとしては考えないことにしておきたいと思います。

のですよ）

(23) I just wanted to say [**that** *despite all these short term problems* **that** they needed to keep in mind the needs of the poor] (Bill Gates, BBC Radio 4)

（短期的な問題ではありますが，貧しい人たちが何を必要としているかに留意しておく必要があると言いたかったのです）

■従属節

(24) The party opposite said [**that** *if we cut 6 billion from the budget*, **that** it would end in catastrophe]

(David Cameron, Prime Minister's Questions, BBC Radio 5)

（野党は，与党が予算から 60 億ポンドを削減すれば影響は甚大なものになると主張しました）

(25) Would I be right in saying [**that**, *because we've got the Olympics next year*, **that** every British sportsman will feel more pressure]?

(Andy Goldstein, Talksport Radio)

（来年オリンピックを控えているのでイギリスの選手たちは皆より多くのプレッシャーを感じるだろうと言っても差し支えないだろうか）

■左方転位された名詞句

(26) People like Dale need to have confidence [**that** *the kind of policing they need*, **that** we can still deliver it]

(Police spokesman, BBC Radio 5)

（デールのような人たちは，彼らが必要とする治安維持，それをいまだに実行できる能力を我々が持っていると信頼してく

れないといけません）

上の（20）でみたように単に動詞の項である名詞句が前置された場合は，二重 that 節構造は認められませんが，（26）のように左方転位で移動した名詞句の場合は X 位置に生じることが容認されるようです。前置の場合，移動した元の位置が空のまま（すなわち（20）では forget の目的語の位置が空）ですが，左方転位の場合，移動した名詞句の元の位置に代名詞が生じます。（26）の場合，deliver の目的語 the kind of policing they need が左方へ移動していますが，もとの目的語の位置には it が生起しています。このように前置と左方転位で二重 that 構造の容認度に差が生じる理由については後で検討してみましょう。

■ これらの要素が複数生じるもの

   (27) Do you think [**that** *Paris Saint Germain, with the money they have behind them*, **that** they're the new powerhouse in French football]?

                                （Alan Brazil, Talksport Radio）

    （パリ・サン＝ジェルマン・フットボール・クラブは，クラブを支える資金もありますし，彼らがフランスのサッカー界を引っ張っていく新しい力であると思いますか）

これらはすべて英語の事実として受け入れてよいでしょう。

4.2.　その他の事実の確認

　さらに筆者が確認できた次の事実を追加しておきます。

■ 補文標識の that が三つ以上使用される場合がある

94

(28) I just kept thinking **that** maybe **that** somehow **that** I could figure out a way to keep everybody safe. (SOAP)

（ずっと思っていたのですが，もしかして，何とかして，みんなを守る方法を思いつくかもしれません）

Radford (2018: 126) に，実例ではないが言語学者の作例として that が四つ生じたものが引用されています（上述したように，Radford の例はピリオドがないのでそのまま引用します）。

(29) I don't think [**that** for the sake of your own well-being **that** if you are in a bilingual classroom **that** once you have completed the homework in one language **that** you should have to do it all over again in the second one]

（あなた自身の幸せのために言いますが，二言語使用の教室で学んでいる際に，一つの言語で宿題を終わらせたらもう一つの言語で全部もう一度やり直すなんてことをする必要があるとは思いません）

次の例では，二つ目の that と三つ目の that の間に even after 節が三つ生じています。

(30) He does not know **that** his days are numbered, **that** even after he returns to Darien with his knowledge of the South Sea, even after he has ceded the governorship to Pedrarias Avila,[16] even after he has married

---

[16] 名前の正式なつづりは Pedro Arias Dávila です。

Avila's daughter, **that** he has not bought his safety.

(COCA)

（彼が承知していないことは，彼の統治はまもなく寿命が尽きるということ，南洋の知識を持ってデリエンに戻っても，ペドロ・アリアス・ダビラに統治権を譲っていても，ダビラの娘と結婚していても，彼はそれで安全とはいかないということだ）

また，二つ目以降の that 節が and で等位接続されている場合（〈that＋X＋that＋節＋and＋that＋節〉）があります。

(31) a. I need to know **that** if anything happens, **that** you will tell　your family *and* **that** you won't try to handle it all by yourself, ok? (SOAP)

（もし何か起これば，きちんと家族に言う，それを自分ひとりで何とかしようとしないと私に誓って。いいかい）

b. He said **that** if I got you there **that** he'd explain everything *and* **that** he'd come back to Oakdale to clear things up with Dad so that he can come home, too. (SOAP)

（彼は，もし私が君をそこへ連れて行ったら彼が全部説明してくれると言ったし，彼はオークデールに戻ってきて父親とのゴタゴタを解決して家に帰れるようにすると言った）

■ that 節をとる形容詞，名詞でも観察される

　これまで that 節をとる動詞を例として多く挙げましたが，that 節をとる形容詞・名詞でも二重 that 構造は生じます。

(32)　… he *was afraid* **that** if they became public, **that** al-Qaeda would see the faces of the interrogators, …

(SOAP)

（彼は，公開されればアルカーイダに尋問者の顔がわかってしまうが … と恐れていた）

(33)　What we ought to do with that money is use it, use it to reduce the budget deficit.　There's no, there's no— nobody ever had any *idea* **that** when this money came back **that** we'd go ahead and spend it on something else.

(COCA)

（このお金でなすべきことは，使うことです。お金を使って財政赤字を減らすのです。ひとりも ── このお金が戻ってきたら，さらに他のものに使おうという考えを持っていた人はひとりもいません）

■ X は必ずしも lengthy（長い）ではない

(34)　a.　I just assumed **that** *maybe* **that** the two of you had had a fight about something, so you spent the night down here, and you decided to call off the wedding.

(SOAP)

（思ったのは，ひょっとするとあなたたちふたりはケンカをしたのではないですか。だからあなたは夜をここで過ごしたし，結婚式をキャンセルすることに決めたのでしょう）

　　　b.　You just sleep and pray **that** *soon* **that** we're gonna find your daddy.

(SOAP)

（さあもうお眠り。すぐにお父さんが見つかりますようにっ

　　て祈るの）

　ここで X に生じているのは maybe や soon といった副詞です。
2 節で触れたように，一つ目の that の後に長い要素が生起する
場合に that が繰り返されたという歴史的事実の指摘がありまし
たし，また，これまで引用した現代英語の例においても X は長
いものが多いことは確認できます。しかし，(34) の例から必ず
しもそうでない場合もあるということがわかります。

5.　二重 that 構造への実証的・語用論的アプローチ

　脱規範的二重 that 構造の生起要因をどのように考えたらよい
でしょうか。補文標識 that を省略しない要因の一つに，that を
省略してしまうと文の構造が曖昧になるということもありますが
(Bolinger (1972b: 9))，このように本来必要でない that を使用す
るのは逆に構造を乱してしまうことになります。つまり，あえて
構造を乱しても使用する動機付けが存在するということであり，
二重 that 構造を使う要因は構造的なものではないということが
考えられます。

　英語における当該構造についての先行研究は，基本的にはその
どれもがこの形を「どう分析するか」ということに焦点を置いて
おり，「なぜ」この脱規範的構造が生じるかという点で論じたも
のは多くありません。ここでは文脈的な要因からこの構造の生起
要因を探ってみましょう。

5.1. CP の反復

実証的・語用論的な分析に入る前に，生成文法の立場でこの構造に触れている Radford (2016) の考えを見てみたいと思います。[17]

Radford (2016) は，二重 that 構造では補文標識句 (CP) が反復されている (CP recursion) という構造的な分析を提示しています。CP とは，節構造の階層の最も高い位置にあるスロットで，伝統的な英文法で言われる補文を導く that，間接疑問を導く if や wh 語がそこに生じると理解してください。

(35)　I just wanted to say [**that**, despite all these short term problems, **that** they needed to keep in mind the needs of the poor]

　　　(Bill Gates, BBC Radio 4) (Radford (2016: 258)) (= (23))

この角かっこで囲まれた部分に that が二度現れているので，「CP が繰り返されている」[18](CP recursion) ということになります。

この CP recursion という考えは，取り立てて二重 that 構造の分析にのみ想定されるわけではなく，他の様々な構造を説明する

---

[17] 上でも触れましたが Radford (2018) は，実例を多く引用して興味深い論を展開していますが，論旨を理解するためには「分離 CP 分析」(split CP analysis) などの生成文法の知識が必要となります。本書の性格も勘案して，ここではこの分析には立ち入りません。ここで，それほど専門的にならない Radford (2016) を見ているのはそのためです。

[18] Radford (2018) では Radford (2016) の「CP の繰り返し」という考えを採らず，一つ目の that と二つ目の that は違うものであるとしています。いずれにせよ，当該構文がどのような構造を持つのかということに焦点が置かれています。

際にも採用される考え方です。たとえば次例のように，that 節の
中で倒置が起こっている場合です。

(36) Virtual reality has been promised for decades, but in
my conversations with the top developers in the field,
it quickly became clear **that** *never before have so
much money and talent bet on its imminent arrival.*

(*TIME*, August 17, 2015)

（仮想現実は何十年も前から実現できると言われてきたが，そ
の分野の最先端を走る開発者と話してすぐわかったことは，
仮想現実をすぐにでも実現しようとこれほどまでの多くの金
と才能が使われた時代は今までなかったということだ）

clear の後の補文標識 that は CP 位置に生じ，後続する節で否定
副詞 never が頭に生じ倒置が起こっています。この否定要素が
生起するのも CP 位置とされるので，この文では CP が二つあ
るということになります。(37) は (36) と同じ構造で CP が二
つあります。

(37) John swore [CP that [CP [Spec under no circumstances [C
would] [he accept their offer]]　　(Authier (1992: 331))

このような「CP の繰り返し」(CP recursion) という分析を，
Radford (2016) のように二重 that 構造にも適用する妥当性はあ
るのでしょうか。

　興味深いことに，このような CP の繰り返しは，動詞の意味的
な特徴によって，可能なものと可能でないものがあるという指摘
があります。that 節をとる述部を意味的な観点で眺めると，補文

で述べられる内容が事実であるという判断を示すもの（断定述部）と，そうでないもの（非断定述部）があります。前者では CP の繰り返しが可能であるとされますが，後者では不可という主張があります。たとえば，(38) の seem は断定述部なので that 節の中で否定倒置が許されます（つまり CP が繰り返される）が，(39) の forget は非断定述部なので，that 節の中で否定倒置が許されない（つまり CP の繰り返しは不可）とされます（大村 (1997: 145)）。

(38) *It seemed that* under no circumstances would Bill accept their offer. 　　　　　　[it seems は断定述部]

(39) *John *forget that* under no circumstances would Bill accept their offer. 　　　　[forget は非断定述部]

一方で，実例を見るとどちらの意味特徴を持った述部でも二重 that 構造が見られます。

(40) 断定述部

　　a. *It just seems **that*** if he left his phone behind **that** he'd either taken off in a hurry or（以下略）　(SOAP)
　　　　（おそらくもし彼が電話を忘れたというのであれば，理由は急いで立ち去ったか，または（以下略））

　　b. And *it would seem **that*** if cnn's[19] early reporting is correct, **that** it was the target of one—at least one of the strikes. 　　　　　　　　　　　(SOAP)

---

[19] CNN が小文字表記なのは原典ママ。

> （CNN が最初に報道した内容が正しいのであれば，一つ，
> 少なくとも一つのストライキの目的だったのでしょう）

(41)　非断定述部

And I'll tell you what the answer is. You have *forgotten **that*** whether you have legs or whether you don't have legs **that** Maria loves you with all her heart and soul,（以下略）　　　　　　　　　　　　　　　　　　（SOAP）

（お答えしましょう。あなたに足があろうがなかろうが，マリアがあなたを全身全霊で愛しているということをお忘れですよ（以下略））

二重 that 構造も否定倒置も CP の繰り返しという構造的分析ができる，つまりこのどちらも同じ構造を持っているとするのであれば，非断定述部では否定倒置が容認されないように，二重 that 構造も容認されないはずです。しかしながら，実際には (41) のような例があります。このような事実は，二重 that 構造を CP の反復という構造的な見方で考えないほうがよいことを示しています。

5.2.　文構造解析の負担軽減

　Casasanto and Sag (2008) は，二重 that 構造を「多重 that」(multiple *that*) と呼び，実験統語論的な分析を行っています。この研究では，正規の形と二重 that 構造の文を被験者に見せ，容認度や反応時間にどのような差がみられるかを検証しています。

　その実験で，二重 that 構造は容認度が低いが，長い副詞要素

が二つの that の間に生じる場合は，文構造の解析がしやすくなるため反応時間が短くなるという結果を得ています。このことから，Casasanto and Sag は以下のように結論付けます。「補文標識の that は，①これから動詞の項として補文が続く，② that の直後に補文主語が生じるという二つのことを示す印となるものである。しかし，that が一つしか生じない文法的構造（〈動詞＋that ＋副詞要素＋S …〉）では，②を示すことができない。そこで，二つ目の that に②の機能を果たさせることで，文解析の負担を軽減する。」

　「文構造解析にかかる制約は，文法的な文を容認不可にすることもあれば，非文法的な文を容認可能にすることもある」(Not only can processing constraints diminish the acceptability of fully grammatical sentences, they can also promote the acceptability of ungrammatical sentences.) という発言 (p. 605) は，本章のような実証的な立場の研究にとっても大変興味深いものです。一方で，前述のように，一つ目の that が省略されて二つ目の that が生じるタイプ 2 の場合があり，Casasanto and Sag の指摘する「①動詞の項として補文が続くことを示す」という役割は必須なものではないこともうかがえます。二重 that 構造は，本来必要のない二つ目の that がなぜ生じるかということを考えるべきでしょう。また，上掲したように，that 以外の接続詞でも当該の形が見られることから，that だけでなく，一般論として接続詞が繰り返されるということの意味を考えなければならないと思います。さらに，二つの that の間に生じる要素は，多くの場合確かに長い副詞句ですが，必ずしもそうとも言えません。事実に即した説明ということになれば，文解析の負担という観点以外

からも当該構造を考えてみることも必要でしょう。

5.3.　コーパス調査

　ここでコーパスを利用して実例を収集し，それらを文脈の中で考察し，この二重 that 構造の出現要因を探ってみましょう。

5.3.1.　調査方法

　二重 that 構造のような例をコーパスから機械的に拾い上げることは極めて難しいものです。そこで，まずコーパスから該当例をどのように例を収集したかを述べておきます。

　利用したコーパスは Corpus of American Soap Operas (SOAP) です。SOAP はアメリカの 2000 年代のテレビドラマのトランスクリプトを集めた 1 億語のコーパスです。本章でこれまで提示した実例は，その多くがニュースなどでの発言部分やその引用でした。そこで，当該構文は口語的な文脈で生じやすいという予想を立て，口語的なデータを含む SOAP を利用することにしました。

　問題はどのような検索列で検索を行うかということです。これまで引用した例からも明らかなように (that) X that ... の X に生じる要素は種々様々で，すべての形を考慮に入れてコーパスから例を拾い上げるのは至難の業です。また，一つ目の that が省略されている例も機械的な検索で拾い上げるのは不可能です。そこで，今回は以下のような検索列を使用して，動詞と形容詞が that を取り，直後に if などの従属節が後続している構造に絞って検討することにしました。

(42)　検索列：　[v] that [CS]

　　　　　　　　[JJ] that [CS]

[v] は過去形などの変化形を含めて動詞を検索するタグ，[JJ] は
一般的な形容詞を拾い上げるタグです。[CS] は従属接続詞 (sub-
ordinating conjunction) を検索するタグとなります。

　このようなタグを使用して SOAP を検索すると，[20] know that
if や afraid that if などの例が抽出されます。動詞の場合，例の
多い順に上位 10 は以下の構造となります。

> know that if / think that if / said that if / know that when /
> thought that if / knew that if / saying that if / <u>saying that
> because</u> / say that if / <u>know that because</u>

ヒットしたこれらの形の例を一つ一つ手作業で見て，二重 that
構造が生じている例を拾い上げていきました。下線を引いた連鎖
では，二重 that 構造が含まれていませんでした。それ以外の 8
つの連鎖から 5 例ずつ二重 that 節構造の例を収集しました。

　また，形容詞の場合，上位 10 の連鎖は以下の形です。

> afraid that if / sure that if / sure that when / worried that
> if / <u>clear that if</u> (3) / scared that if / afraid that when / <u>sure
> that once</u> (1) / <u>aware that if</u> (2) / <u>convinced that if</u> (0)

このうち下線を引いた形では二重 that 構造はかっこに示す数の
み現れました。その他の連鎖では現れた二重 that 構造の例から

---

[20] 検索は 2018 年 3 月に集中的に行いました。

5 例ずつ収集しました。結果的に，動詞と形容詞に二重 that 構造が従っている例を計 76 例集めることができました。これらを検討して，以下，いくつかの特徴を指摘します。必要に応じて，別の検索でヒットした例も援用します。

5.3.2.　語用論的考察

　文脈に注目しながら集まった例を検討していくと，（that）と that の間（X）に生じるものの意味的な特徴に応じて，いくつかのタイプに分けて考えていくことができそうです。以下，文脈の検討が重要であるので，引用例が長くなります。特に必要な場合を除いて日本語訳は付けていませんので，ご容赦願います。

■ X が既出の情報やトピックである

　共通グループの一つ目として，X に生じる副詞節が先行文脈とつながりを持ち，既知情報またはトピックを提示する役目を負っているものが多いということがあります。

(43)　Erica:　I want to get you to relax.

　　　Caleb:　Do I seem nervous?

　　　Erica:　Have a seat.　<u>The food will be out soon.</u>　I **thought that** <u>if we had a great meal in a comfortable surrounding,</u> **that** it would make it easier.

　　　Caleb:　"Make it easier"?

　　　Erica:　Caleb, I think that there have been some misunderstandings between us, and I'd like to address them and eliminate any confusion.

　ここでは当該構文の直前に,「食事がすぐに用意される」とあり, それを受けて「落ち着く環境でおいしい食事をとれば」という内容が X に続いています。つまり X に生じている if 節で述べられている内容は, 前の文脈と「食事」という話題でつながっていることがわかります。

(44)　Ryan:　You can trust me.　So if he is somehow co-ercing you, you can tell me. I can help.　<u>If he had anything to do with the kidnapping</u>, we can nail him.

　　　Jane:　The kidnapping?

　　　Ryan:　You don't have to be afraid.

　　　Jane:　Do you honestly **think that** <u>if he had any-thing to do with my kidnapping</u>, **that** I would team up with him?

　ライアンの「あいつが誘拐事件に関わっていたのだとしたら逮捕できる」という発言を受けて, ジェーンは「あの人が私を誘拐した犯人だとしたら, あの人と一緒にチームを組むとでも思って」(だからあのひとは誘拐事件に関わっていない)という文脈です。ここでのトピックは「誘拐」ですが, 先行文脈にある二重下線部分とほぼ同じものが X の波線部に生じていることに注目してください。X に生じている部分は既出の情報です。

(45)　Nicole:　Yes.　So <u>Chad probably isn't Sydney's father</u>, and Mia said she counted back a few weeks, and it's most likely one of the unknowns from Chicago.

　　　E.J.: She doesn't seem like that type of girl, Ni-
　　　　　　　cole.

　Nicole: Well, sometimes people can fool you.

　　　E.J.: Yeah, I know that. What's your point?

　Nicole: I **know that** <u>when you found out Chad was
　　　　　　　claiming to be Sydney's father</u> **that** you
　　　　　　　wanted to step back and give Chad his
　　　　　　　rights.　Something that Sami never did for
　　　　　　　you.　Except that Chad isn't Sydney's father,
　　　　　　　and we'll never know who is.

　この例では X に when 節が生じています。ここでは，チャド
がシドニーの父親ではないということが文脈から既知の情報に
なっていて（二重下線部），その流れの中で「チャドがシドニー
の父親だと言い張っているとわかったときに」と続きます。やは
り when 節はトピックを含めて先行文脈との関係を示す既知の
情報を提示しています。

　(46)　Lucy: She didn't just want me to come here for
　　　　　　　　Dusty.　<u>She wanted me to come here for you,</u>
　　　　　　　　too.（Craig-scoffs）

　　　Craig: Now, that I find hard to believe.

　　　Lucy: No, seriously.　She wanted to make it up to
　　　　　　　　you after what happened with Gabriel.

　　　Craig: Wow.　The old lady is really good.　Nothing
　　　　　　　　is off-limits when it comes to manipulating

108

　　　　　her family.

Lucy:　Well, I think she was being sincere.

Craig:　Oh, Lucy—

Lucy:　She **thought that** <u>if I came here and spent</u>
　　　　<u>some time with you</u>, repaired our relationship
　　　　that it might help you and Gabriel get closer.

　この例でも二重下線部が既知の情報となり，その後の会話のト
ピックとして発話の流れを作ることになります。「ルーシーがク
レイグのためにやってきた」というのが話題です。それを受けて
X の部分で同じ内容の情報が述べられていることに注目してく
ださい。「私がここにきてあなたと一緒に過ごして私たちの関係
を改善できれば」という if 節の内容は先行文脈とのつながりを
持った既知情報です。

　また，X に生じる情報が既知であることが，後に続く文脈か
らわかることもあります。(47) は，上で述べた76例とは別の
検索でヒットしたものです。「もう深い会話はできない」という
アレクシの発言を受けて，リックは「君が僕を愛しているといっ
たとき，君が本気だと確信していた」と述べます。この段階で
when 節の内容が既知であることは said という過去形でも示さ
れていますが，後続するアレクシの「君を愛している，君が必要
だ，君がいなきゃだめなんだと言ったじゃないか」という二重下
線部の内容から，この情報がアレクシにとってもリックにとって
も既知であることが明示されます。

(47)　Alexis:　Ok, stop talking now. (中略) I can't have any
　　　　　　　more deep conversations.

Ric: No, I just want to **make sure that** <u>when you</u> <u>said that you loved, I think, and needed me</u> **that** you actually did mean it.

Alexis: <u>I said I loved, needed, and wanted you.</u>

Ric: Oh.

Alexis: And I meant all three of those things.

　次例は形容詞の例ですが，やはり文脈から X が既知の情報であることがわかります。

(48)　Jax: Because you know that <u>eventually we'll make</u> <u>love</u>, and you're **afraid that** <u>when we do</u>, **that** the challenge will be over and perhaps I'll move on to someone else.

（君は僕たちが結局肉体関係になるってことはわかってるし，そうなったら，君が僕を惚れさせようとするゲームも終わって僕が別の誰かに心移りするって心配しているからだろ）

　ここまで挙げた例から二重 that 構造の X に生じる要素は，文脈からトピックを含んだ，既知情報であるということが言えそうです。このことに留意して，二重 that 構造を前置の現象と関連付けて考えてみましょう。

　英語には，本来あるべき位置から名詞句が左に移動する前置と呼ばれる現象があります。たとえば次例のようなものです。例文中の ___ は，移動された要素が本来そこに存在していたことを示しています。

(49) a. Most of it she had written ___ herself.

　　b. Anything you don't eat put ___ back in the fridge.

(Huddleston and Pullum (2001: 1372))

これらの例では，written と put の目的語であった most of it と anything you don't eat が文頭，すなわち左に移動しています。このような前置の動機づけになるのが，左に動く要素は文脈の中で既知の情報であるということです。(49) の例に付けられた Huddleston and Pullum の説明は次の通りです。

(50) For complement preposing to be felicitous, <u>the complement must be discourse-old,</u> acting as a link to other entities evoked in the prior discourse.

(Huddleston and Pullum (2001: 1372))

（名詞句要素の前置が適切であるためには，その要素が談話の中で旧情報（既知の情報）を担い，先行する談話の中の要素とつながりを示すものでなければならない）

　談話の中で既知の情報であれば，トピックの役割を果たすことができます。

(51) Topics must also be "old," i.e., they must appear in the preceding context, and in this sense topics are identified by the context. 　(Erteschik-Shir (2009: 8))

（トピックは旧情報（既知情報）でなければならない。すなわち，先行文脈に現れている必要があり，この意味において何がトピックは文脈で判断できる）

名詞句が既知情報を示していたり，トピックであったりすること
で必ず左に動くということではありませんが，左に動いた場合に
は，先行文脈との関係・つながりを示すと言えます。ここで重要
なのは，話者が力点を置いて伝えたい内容は左に前置された部分
ではないということです。前置された部分は会話の既知情報とし
て聞き手と共有されているので情報的価値は大きくありません。
話し手と聞き手で共有している既知情報に後続する内容が，発話
者が真に伝えたいことになります。たとえば，(49) の例では，
ほとんどを「彼女が自分で書いた」，食べないものは「冷蔵庫に
戻しておけ」という後続の部分が，話し手が本当に伝えたい内容
です。

　英語に見られる名詞句の前置という現象がトピック性と関わっ
ていることと，本章で見てきた二重 that 構造の X に現れるもの
が既知でありトピックを示しているということの間には関係があ
ると考えてよいと思われます。

　前置では，本来の位置から名詞句が左に移動し，既知情報とし
てトピックを提示して，先行する文脈との関連性が示されます。
名詞句の場合は，動詞の目的語位置が空になるので，名詞句が左
に移動したことが明確です。一方，if 節や when 節などの従属
節や despite などの句の場合は，もともと主節に先行しても問題
ないし，仮に移動したとしても表面上構造的に空になる部分がな
いので，ディフォルトで主節の前に生じているのか，それとも前
置させて左に動いたものなのか構造的に示すことができません。
そこで，補文標識である that を繰り返して that if / when … that
とすれば，if / when 節が二つ目の that 節の外に出たことを統語
的に示すことができます。すなわち if / when 節が本来の位置か

ら左に動いていることを示すことができます。「左に動いた」if/when 節が既知情報としてトピックを提示するとなれば，話者が伝えたい力点が置かれるのは二つ目の that の後の内容ということになります。このような脱規範的な二重 that 構造は，従属節が「前置」される，つまり左に動いたということを示す役割を持っていると考えられるのではないでしょうか。

このように考えることで，二重 that 構造の X 部分に動詞の目的語名詞句が生じないことの理由も説明できます。名詞（項）が前置された場合，この二重 that 構造は不可と判断されます。例を再掲しましょう。

(52) *I hope **that** what their parents did for them **that** they'll never forget.

この文は I hope that what their parents did for them they will never forget と二重 that 構造を使わなければ容認されるとのことです (Radford (2018: 125))。上で考察したように，二重 that 構造は，X に来る要素が左に動いたことを統語的に示して先行文脈とのつながりを示すものと考えられます。とするならば，(52) の場合，動詞の目的語位置が空になることで名詞が動いたことがもともと示されています。この形では目的語が左に動いたことが明確ですから，そもそも二重 that 構造を使用する必要性も動機もないのです。

一方，(26) で示したように，左方転位の場合は二重 that 構造の X 位置に名詞句が生じても問題ありません。これはもともとの位置に代名詞が生じることからもわかるように，二つ目の that 以降の統語構造が完全な文になるため（(26) の例では we can still deliver it)，二重 that 構造を使えばより明確に要素が左に動いたことを示せます。特に主語が左方転位される場合，二重 that 構造により主語名詞句が左に動いたことを明確に示すことができます。Radford (2018: 123) から例を借りましょう。

(53)　The most we can hope for is [**that** *those people who are blood donors*, **that** they continue to donate blood]

　　　　　　　　　　　　　　　(Health spokesman, BBC Radio 5)

　上で述べたことは，検討した 76 例以外でも確認できます。(54) (55) を見てください。(54) の after 節も意味内容を考えれば，発話者と you の間で既知情報であることは明白です。

(54)　I thought **that** after I helped you get sober the other night, **that** things were better between us.　　　(SOAP)
　　　（先日の夜あなたが酔っているのを介抱した後で，私たちの関係はよくなったと思いました）

この例では，after 節が二つ目の that の前に「前置され」既知情報として先行文脈との関係を示し，話者が強調して伝えたいのはその後の「関係がよくなった」という内容です。

(55)　Rick:　Are you actually saying that you're not important to me?

　　　Phoebe:　Well, I know I was. I hope I still am. But how long are we just going to rely on thoughts?

　　　Rick:　Phoebe, if you think **that** because we are

> not making out or having sex, **that** I am go-
> ing to go elsewhere, then you don't know
> me very well. (SOAP)

ここではリックとフィービーの関係性が問題となっています。X
に生じた because 節は二人の間に肉体関係がないことを示して
いますが，この事実は二人にとっては当然ながら既知情報です。
リックが言いたいことは，肉体関係がないからといって他の人の
ところに行ったりすると思っているのであれば「僕のことをちゃ
んとわかってないね」（そんな男ではないよ）ということです。
二つ目の that 以下で述べられることが，リックが本当に言いた
いことであるということが理解できるでしょう。

　以下の SOAP からの2例でも同じことです。これらも上記の
76 例とは別の機会に検索して入手しました。

(56)　Henry:　Well, they stand with her marrying Brad.

　　　Mike:　So you think she's doing the right thing?

　　　Henry:　I think **that** despite everything that's hap-
pened between you and I, **that** I like you,
Mike. I like you a lot.

(57)　　Lisa:　Yeah, I want to say that I liked him, but...

　　Johnny:　Except for the fact that he can turn on you
like a rabid dog?

　　　Lisa:　Some may say **that** about me, **that** I'm
calm and collected until I snap and turn into
a raving psycho.

「二人の間に起こったこと」はヘンリーとマイクの間では既知の
ものであるし，「私のことについて」というのはまさしくトピッ
クです。どちらの例も，発話者が言いたいことは，二つ目の that
以下の内容です。

■ X が仮定法 if 節

　コーパスの例を観察すると，X に仮定法の if 節が生じている
場合があります。

(58)　These people, they want to help themselves, and they
　　　need our help.　We fortunate ones can easily lose
　　　sight of the fact that any one of us could wind up in
　　　the exact same situation.　A debilitating accident, one
　　　bad choice, one wrong turn, and any one of us could
　　　find ourselves without a home or out of a job or un-
　　　able to provide proper health care for our children.　I
　　　know that if Miranda were here today **that** she
　　　would've been one of the lucky ones because she
　　　would have all of you to light her way, as I have.

　　　　　　　　　　　　　　　　　　　　　　　　　　　　(SOAP)

（こういった人たち，彼らは自分たち自身を助けたいと思って
いるし，我々の助けを必要としている。我々のような幸運な
者たちは自分たちの誰もが同じような状況に陥ってしまう可
能性があるということを簡単に忘れてしまう。障害を持って
しまうような事故に一回でも会えば，選択を一回でも間違え
ば，道を一回でも間違えてしまえば，家を失ったり，失業し
たり，子供たちの健康を守ってあげることができなくなるか

もしれない。今日ミランダがここにいれば，彼女は幸運な一
人だったであろう。というのもみなさんが彼女の進む道を照
らしてくれるだろうから）

仮定法は事実と反対のことを述べる際に使用される形式です。す
なわち，談話に関係する発話者や聞き手はその内容が事実ではな
いとわかっているということを示しています。つまり if 節は発
話者にとっても聞き手にとっても既知情報（の反対を述べている
の）です。

　if 節が仮定法で事実と反対のことを述べるので，述べられる内
容が既知であるというのは次の例でも同じことです。単なる条件
節 if の場合と異なり，先行文で同じような内容が述べられては
いませんが，事実と反対のことを述べるという仮定法の形式を使
うことで X が既知であることが保証されます。

(59)　　Leo:　　All right, let's go. You never have to look
　　　　　　　　back.

　　　Anna:　　Sorry, I can't let you leave just yet.

　　Edmund:　　I love you. I don't know what happened,
　　　　　　　　but I do know that I crossed the line.

　　　Brooke:　　A lot has happened.

　　Edmund:　　I'd never ask you to cut Tad out of your
　　　　　　　　life. He's the father of your child.

　　　Brooke:　　That's important, but—

　　Edmund:　　I **know that** if the situation were reversed
　　　　　　　　that you would never do anything to risk
　　　　　　　　the relationship that Maria and I have as

parents of Sam and Maddie.

(60)　Sonny:　Well, <u>Kate isn't—isn't the mother of Trevor's children</u>.

　　　　Carly:　Okay, so you're **saying that** if Kate had children with Trevor, **that** it would be okay for her to go along, and you would be willing to go, too? I can tell you the answer to that.

(60) では，二重下線部でトピックが提示されます。それを受けて，波線部の仮定法 if 節で事実とは逆のことを述べます。これが既知情報として話し手と聞き手に共有されたものであることは明白です。

　これまでの議論を整理すると以下のようにまとめることができます。

(61)　二重 that 構造〈動詞／形容詞／名詞（＋that）＋X＋that …〉

　　a.　X には節・句形式の表現が生じることが多い（1 語の場合もある）。

　　b.　二重 that 構造は，通常の文法からは逸脱した形ではあるが二つ目の that を置くことで X に生じる要素が左に動いた（「前置された」[21]）ことを示す統語的役

---

[21] 本章で「話題化」という用語を使用しないのは，that maybe that … といった副詞が生じている二重 that 構造の場合に，maybe が「話題化」されているというのは言い難いためです。

　　　　割を担っている。

　　c.　意味的には，通常の前置と同じように移動した X の
　　　　要素はトピックを含む既知情報を提示し文脈との関
　　　　係を示す。発話者が本当に伝えたいのは，二つ目の
　　　　that 節で述べられる内容である。[22]

　脱規範的な二重 that 構造の使用要因を（61）のように考える
と，それ以外の構造においても if 節などが移動する要因との関
連性が見えてきます。

　（62）は，単語の意味は変化すべきではないと主張する人たち
の理不尽さを説明した英文の一部です。よく知られているよう
に，現代英語の nice（よい）は語源的には「無知な」(ignorant)
を意味していました。nice は「無知な」→「おろかな」などのい
くつかの変化を経て 18 世紀ごろに現代の「よい」という意味に
落ち着きました。もし現代英語において語源的正当性を重視し
て，nice を「無知な」の意味で使用したら，誤解をされておかし
な人だと思われることを述べています。

　（62）　If somebody decides all by themselves that *nice* ought
　　　　to mean 'ignorant' because that is what it meant origi-
　　　　nally in English, he or she will have a very hard time.

----

[22] この帰結として，X の部分に強調したいことは生じないということにな
ります。Villa-Garicía（2019: 10）は，「来るのは今日じゃなくて明日なんだ」
という意味で *I think that TOMORROW, that I will come (not today). が容
認できない旨を述べていますが，これは当然のことです。二重 that 構造は言
いたいこと（強調したいこと）が，二つ目の that 以下の内容のはずなのに，X
に生じた「明日」が強調されてしまい，意味と構造の対応関係が崩れてしまっ
ているのです。

If I said 'because they do not study very hard, my students are very nice,' it is certain that people would misunderstand me and probably that they would think I was mad.　(P. Trudgill, 'The meaning of words should not be allowed to vary or change,' in Bauer, L. and P. Trudgill, *Language Myth*)

（そもそも「無知な」を意味していたのだから，現代英語のnice は「無知な」の意味で使用すべきであると勝手に決めるなんてことをしたら，コミュニケーションは難しいものとなってしまう。もし私が Because they do not study very hard, my students are very nice（ちゃんと勉強しないから，生徒たちはものを知らない）のような文を使ったら，きっとみんなは私の言っていることを誤解し（「一生懸命勉強しないから生徒たちはすてきだ」という意味で解釈し），みんな私が気がふれたんじゃないかと思うだろう）

この文では，仮定法 if 節と帰結節が it is certain that で隔てられていますが，本来の意味としては it is certain that if I said …, people would misunderstand …. となるべきところです。つまり，本来仮定と帰結で一つのまとまりとして that 節の中にあるべきですが，if 節が左に動いていることになります。文脈を考えれば，if 節は前文で述べていることを受けて，「そんなことを言うと」と仮定で言い換えている部分なので，トピック的に機能していることがわかります。この場合，if 節は先行文脈とのつながりを明確にするため that 節外に移動されるものうなずけるところです。書き手が言いたいことは，そんなことをしてしまう

と「意図が伝わらない」という部分であるので，こちらが that 節内に残留するのも自然なことでしょう。ここでは it is certain があり if 節が左に動いたことは明確であるので，二重 that 構造は使われていませんが，従属節が本来の位置から動く語用論的要因は，二重 that 構造と同じものであると考えてよいでしょう。

　次の (63) も，同じ動機で仮定法の前半部分が意味的に本来あるべき位置から移動していると考えられます。

(63)　Were hostilities to break out between the U.S. and North Korea, many Japanese fear they, and not the South Koreans, would be the first victims.

(TIME, Sep 20, 2017)

（米国と北朝鮮の間で仮に戦争が勃発すれば，多くの日本人は韓国ではなく日本が最初に被害を受けると恐れている）

ここでは if が省略されて were hostilities … と倒置が生じているので，便宜上 if を復元させて考えてみましょう。本来日本人が恐れている内容は「戦争が起きれば日本が被害を受ける」ということなので，Many Japanese fear (that) if hostilities were to break out between the U.S. and North Korea, they, and not the South Koreans, would be the first victims. となるべきところです。二重 that 構造の議論でも述べましたが，仮定法 if 節は既知情報を担います。先行する文脈で，北朝鮮がアメリカを標的とする核兵器を開発していること，日本が北朝鮮のミサイルの射程距離に入っていること，北朝鮮の高官が核兵器で日本を沈めると言っていることなどが触れられています。それを受けて「仮に米国と北朝鮮の間で戦争が起きれば」となり，先行文脈との関係を

示すため if 節が前置されることは自然なことでしょう。主節
many fear that があるので，if 節が左に動いていることは明確に
示されます。[23]

■法性要素の副詞

　X に生じる要素として特徴的な三つ目のグループは，maybe
などの法副詞です。以下で引用する例は，上記で検討した 76 例
とは別に検索したものであることを断っておきます。

---

[23] I think などの主節が挿入句になる現象でも，似たようなことが起こりま
す。二重 that 構造を論じたものではありませんが，主節の挿入句化に言及し
た Denison (1999: 260) が挙げる例に以下のようなものがあります。

　　(i)　'... And I can't see him from here, and if I'd got out of bed to see
　　　　I'm sure I should have fainted.'　　　　(1904 Nesbit, *Phoenix* xii.241)
　　　　（ここからでは彼は見えませんし，もし見ようと思ってベッドから
　　　　出ていたら，きっと失神していたでしょう）

この例でも if 節は sure の従える節内の I should have ... とセットで仮定と
帰結を表すものですが，if 節が左に動いています。Denison は I'm sure は
parenthetical（挿入句）として機能していると述べていますが，ここでもやは
り意味的に重点が置かれているのは帰結節です。次の例も同様です。

　　(ii)　If Shimmings is still alive, *I think* we should check his story. He
　　　　might've decided it's worth telling the truth now a speeding charge
　　　　can't stick.　　　　　　　　　　(Robert Galbraith, *Troubled Blood*)
　　　　（シィミングスが今も生きているなら，彼の話を聞いたほうがいい。
　　　　スピード違反が罪に問われないなら，真実を話す価値があると思っ
　　　　てくれていたかもしれない）

(62)(63) ではそれぞれ it is certain や Many Japanese fear が挿入句化する
とまでは言えないかもしれませんが，そのようなものがさらに機能転化した
ものが Denison の示す例と言えるかもしれません。このような I'm sure や
本文の (64) 以降で示す maybe などが持つ共通性（統語的特徴（副詞性）や
意味的特徴（法性））を考えると，挿入句化と二重 that 構造の使用動機にどこ
か共通するものがあると思われます。

122

(64) a. Because I would hate to think **that** *maybe* **that** that gun didn't go off by accident. **That** maybe you really were trying to shoot me. (SOAP)

（なぜって，ひょっとしたら，いえ銃弾が発射されなかったのはたまたまだったなんて思いたくないのです。ひょっとしたら君が本気で僕を銃で撃とうとしていたなんて思いたくないのですよ）

b. I was told **that** *maybe* **that** you could help me find some information out about my father. (SOAP)

（ひょっとしたら父親について情報を探し出すのを君が手伝ってくれるのではないかって教えてくれた人がいたのです）

c. … you get terrified **that** *maybe* **that** those things aren't really the answer to all of your problems after all, … (SOAP)

（ひょっとしたら，名誉，金，承認欲求が自分の問題を何も解決してくれないって君はふるえあがるよ）[24]

(65) I have to wonder and **hope that** *somehow* **that** I will find the truth about what happened that night. (SOAP)

（なんとかして，あの晩に起ったことの真実を知らねばならないのです）

maybe といった副詞は，Quirk et al. (1985: 620) で「離接詞」(disjunct) と呼ばれるもので，発言内容について話者がコメント

---

[24] those things は先行文脈にある「名誉，金，周りから認められること」を指していますので，それを訳出しています。

をつけるときに使用されます。離接詞には，発言内容の蓋然性の程度を表すものと，発言内容に対する話者の態度を表すものがあります。maybe は発言内容についての蓋然性の程度が低いこと（疑問）を表すものです。一方 (65) で生じている somehow は，Quirk et al. では合接詞 (conjunct) に分類されますが，意味的には理由を表す離接詞と類似する部分があるという指摘もあります (Quirk et al.(1985: 638))。

　maybe や somehow は，その意味から考えても，話者が本来伝えたい内容であるはずがありません。話者が伝えたい内容はやはり二つ目の that 以下です。(64)(65) のような構造を使うのは，maybe と言った時点でそれが意味する曖昧な態度を後続する命題に含めたくないという心理が働き，二つ目の that 以降で改めて本来伝えたいことを述べるためだと言えます。

5.3.3.　異型

　二重 that 構造は，同一人物が同一文で使うとは限りません。次例のように，話者 A が使用した〈動詞＋that 節＋if 節〉の流れを引き継いで，話者 B が二つ目の that 節を使用し話者 A の言いたいことを代弁することもあります。マディソンの「君が別の誰かに夢中になれば」という発言を受け，ライアンは「そしたら僕がグリーンリーには近づかなくなるってことか」とマディソンが意図していた内容を代弁します。これから見てもわかるように，やはり二重 that 構造では，二つ目の that 節以降が本当に言いたい内容として提示されるのです。

(66)　　　Ryan:　What does Hayward want from me, and

> why would he use you to get it?

Madison: David wanted me to distract you.

Ryan: Distract me?

Madison: Romantically.

Ryan: He wanted you to get me to fall for you?

Madison: He **thought that if** you were focused on someone else—

Ryan: **That** it would keep me away from Green-lee.

　これまでの例はすべて that 節をとる動詞，形容詞などの後で二重 that 構造が使われていました。様々な例を一つ一つ丁寧に見ていくと，that 節を動機づける要素が先行しない〈従属節＋主節〉の構造でも，主節の前に不必要な that が生じている例があります。

(67) If prosecutors take this to trial and go for that charge, what is the likeliness, if he's found guilty, **that** he's going to spend time behind bars for this?　(COCA)
（もし検事がこの件を裁判にかけてその罪状を求めていくのであれば，どうなりますか。もし彼が有罪となれば，このことで服役することになりますか）

(68) You know, we were talking about this before the show, Dana and I. I listened to the numbers coming down. Now, whether you want to agree with them or not, **that** they're just—they're fine. They're very good, much of better than people expected.　(COCA)

（デイナと私は番組が始まる前にこのことを話していたのです。数字がどんどん下がっているのを聞いていました。あなたが同意するにせよ，しないにせよ，数字は問題ありませんよ。数字はみんなが思っているよりもずっといいものです）

これらは，主節の前に必要のない that を置いています。一つ目の that を動機づける要素がないので，二重 that 構造とは異なっていますが，主節の前につける必要のない that を置くという点で当該構造と類似しています。例を見るとわかりますが，やはり that を置いた主節の意味内容が強調されています。「彼が服役すること」「数字が悪くないこと」といった内容の伝達に力点が置かれています。

6.　おわりに

　実例を見ると，通常の文法で可能とされる形から「解放された」変則的構造が多数観察できます。このような脱規範的な形や構造をどう説明するか，悩ましいところも多いのですが，本章で扱った二重 that 構造については，構造的な理由を考えるより，談話の中での動機付けを考えていくほうが説明しやすいのではないかと思います。wonder if … whether … など他の接続詞がくり返される現象の検証は別の機会に譲りたいと思いますが，本章で扱った「脱規範的」な二重 that 構造は語用論と文法の接点にある現象で，硬直した文法規則に縛られない，英語の柔軟さと豊かさを示す格好の例でしょう。

第4章

副詞が生む語順の多様性とその伝達的機能

鈴木 大介

1. はじめに

　英語で文章を書く際には，どの語を選択するか（単語 A を使うかその類義語 B を使うか），どの語句で文を始めるか（受動態か能動態か），どのような文構造にするか（普通の文か倒置の文か）など，書き手は常に様々な選択を迫られます。綺麗な文章や読みやすい文章に仕上げたいと思えば思うほど，このような選択に際し頭を抱える著者は多いのではないのでしょうか。逆に言えば，文章が上手い人というのはこのような種々の選択にも優れているのでしょう。このような文法や語彙に関する選択には，当然ながら英語という言語の性質が深く関わっています。たとえば，歴史的観点から見てみましょう。英語は古英語の時代から類義表現を多く備えていましたが，さらに，多くの言語から数えきれないほどの語を借用語として取り入れてきました。そのような経緯で，英語で何かを発信する際には，書き手による多くの「選択」が行われなければならないのです。そのような選択は，実は語順に関しても求められます。語順にも多くの選択肢があり，それぞれ異なる文体上の効果を持つためです。したがって，文章を精巧なものにしようと思えば，語順も重要な要素となってきます。

　語順の選択というと，真っ先に思い浮かぶのは倒置表現かもしれません。もちろん，倒置表現は強調や情報の流れと関わる重要な表現技法の一つです。しかし倒置表現を除けば，英語は基本的に単語の並べ方あるいは順番が決まっており，日本語に比べて語順の自由度が低いという印象があるかもしれません。いわゆる，「主語＋動詞＋目的語（あるいは補語）＋（必要があれば）修飾語句」といった並びが決まっており，倒置など特殊な場合を除き，

英語の語順は変えられないと思われるかもしれません。ではここ
で，以下の (1) にある however の例を見てみましょう。

(1) a. *However*, they didn't at all seem to approve of
what they heard.

b. One youngster, *however*, yawned ostensibly.

(Ungerer (1988: 332))

(1a, b) の事例から，however の位置は必ずしも一定ではないこ
とがわかります。最も一般的な (1a) の位置だけでなく，(1b)
の位置での用い方をライティングの授業で学んだり，場合によっ
ては，主語が代名詞の時は (1b) の位置は避けるべきだと教わる
ケースもあるかもしれません。このような例から，however の
ような副詞には文体上の効果が認められており，その結果書き手
に様々な選択肢が与えられているのではないかということがわか
ります。つまり，英語は歴史的に「主語＋動詞＋...」と，語順が
固定されているにもかかわらず，このような副詞だけは英語の語
順を豊かにできるのです。一般的に，副詞は構造面において，主
語や動詞のように文を作るうえで不可欠な要素ではありません。
また情報の伝達においても，（もちろん情報の内容を豊かにはし
ますが）「誰かが何かをする」をいう情報を伝えるにあたって，
主語や動詞と比べるとどうしても重要度が下がります。このよう
に，副詞は言語学において，（主語や動詞のような中心的な要素
に対して）周辺的な要素とみなされてきました。しかし，この語
順という項目に着目した場合，上述した however のような副詞
は，文の流れや情報の伝達に大きく関与することになります。
言ってみれば，英語の語順というものにヴァリエーション（選択

肢）を与え，英語の表現をより豊かにしているのは副詞なのです。以上を踏まえ，本章では法副詞を例に，書き手の心的態度がいかに反映されるかを，however のような代表的な副詞と比較しながら詳細に見ていきます。

　法副詞には代表的なものとして，certainly, probably, possibly などがありますが，これらの副詞は以下の (2a, b) のように，文（や節）の中で，命題に対する蓋然性（可能性）を示すものです。ある命題が起こる確率はどれくらいなのか，あるいはその命題について話し手や書き手がどのくらい確信を持っているのかを明示し，聞き手や読み手に伝えるのです。

(2) a. It will *certainly* rain this evening. (Swan (2005: 20))

b. *Maybe/Perhaps* it'll stop raining soon.   (ibid.: 348)

(2a, b) の例以外にも，この種の副詞，いわゆる法副詞には多くの語が含まれます。本章でこのような副詞を扱うのは，これらの表現自体が話者の意図（心的態度）を含むものであり，談話の流れにおける話し手や書き手の態度と密接に関わると考えられるからです。

　本章では，この中で使用頻度が最も高く，代表的な法副詞の一つである perhaps を取り上げ，文中における複数の主要な生起位置について，それぞれの働きを詳細に見ていくことにします。[1]また，書き言葉に焦点を絞り，それに特有の性質を明らかにすることを目指します。

---

[1] 法副詞（全般）と主観性との関係については Lyons (1977), Watts (1984), Quirk et al. (1985), Doherty (1987), Ernst (2009) を参照してください。

2.　副詞の様々な生起位置

　最初に法副詞の生起位置について見ていきます。however の
ような副詞と同様に，法副詞も文中の様々な位置に生起すること
が Quirk et al. (1985: 490–491) や Hoye (1997: 148) において
指摘されています。[2] 具体的には以下の (3a–g) で示されるよう
な位置です。

(3) a. ***I***　　　(***initial***)

　　　Possibly they may have been sent to London.

b. ***iM***　　(***initial-medial***)

　　　They *possibly* may have been sent to London.

c. ***M***　　(***medial***)

　　　They may *possibly* have been sent to London.

d. ***mM***　(***medial-medial***)

　　　They may have *possibly* been sent to London.

e. ***eM***　(***end-medial***)

　　　They may have been *possibly* sent to London.

f. ***iE***　　(***initial-end***)

　　　They may have been sent *possibly* to London.

---

　[2] however の具体的な生起位置については，Greenbaum (1969: 78) を参照
してください。そこでは，基本的に法副詞も同じ位置に生起すると言及され
ています。この枠組みをさらに発展させたのが，上に示した Quirk et al.
(1985: 490–491) と Hoye (1997: 148) の分析です。

g. **E** (*end*)

They may have been sent to London *possibly.*

(Hoye (1997: 148))

上述のように，これらの副詞は様々な位置に生起することがわか
りますが，各生起位置の割合は，実際のところどのような分布に
なるのでしょうか。各生起位置間で差はみられないのか，あるい
は特定の生起位置に偏るのか，さらに，レジスターやジャンルに
よって変化するのか，一つ一つの副詞によって異なるのか等，
様々な疑問が浮かび上がります。実際の分布傾向を確認するため
に，Biber et al. (1999) による包括的な分析を見てみることとし
ます。まず，「連結を表す副詞類 (linking adverbials)」の分布傾
向は表 1 の通りです。ここでの「連結を表す副詞類」には，how-
ever のほかに therefore, thus, then, さらには in addition のよ
うな句も含まれます。また，上述の (3a–g) では 7 か所の生起位
置が示されていましたが，この Biber et al. (1999) では，「文
頭」，「中間」，「文末」という主要な 3 か所の位置に集約されてい
ることを併せて付記します。表 1 からは，ジャンルを問わず文
頭の生起位置が最も多い一方で，生起位置の傾向はジャンルに
よって大きく変わることが見てとれます。特に，CONVERSA-
TION では文末の位置が多く，全体の半数近くに上ります。一方
で，ACADEMIC では中間の位置が文末の位置をはるかに上回っ
ています。これは本章のように書き言葉を扱う上で注目すべき事
実です。

表1：ジャンル毎の連結を表す副詞類の生起位置（Biber et al.
（1999: 891）より抜粋）

	Initial position (%)	Medial position (%)	Final position (%)
CONVERSATION	●●●●●●●●●●	○	●●●●●●●●
ACADEMIC	●●●●●●●●●●	●●●●●●●●	●●

（●一つで5%，○は2.5% 未満を表す）

　次に，法副詞が含まれる「スタンスを表す副詞類（stance ad-verbials）」の使用分布を見ていきます。[3] 表2を見ると，連結を表す副詞類と同じように，ジャンルによって分布が様々であることがわかります。注目すべきは，文頭の位置が最も多かった「連結を表す副詞類」の場合と異なり，「スタンスを表す副詞類」は中間の位置が最も多いという点です。これは助動詞に代表されるモダリティとの深い関係に起因します。助動詞はもちろんのこと，certainly, probably, possibly といった「-ly」の形式を有する典型的な法副詞の大部分がこの中間の位置――厳密には，一般動詞の前，be 動詞の後といったいわゆる「not の位置」――に生起するからです（cf. Quirk et al.（1985: 627–628），Swan（2005:

---

　[3] ここで言うスタンスを表す副詞類とは "the primary function of com-menting on the content or style of a clause or a particular part of a clause"（Biber et al.（1999: 853））を有するものと定義され，具体的には no doubt, probably, undoubtedly, I think, in fact, really, according to …, mainly, generally, in my opinion, kind of, so to speak といった epistemic adverbi-als（認識性を示すもの）や，unfortunately, to my surprise, hopefully といった attitude adverbials（話し手の態度を強く表すもの），さらには frankly, honestly, truthfully, in short 等の style adverbials（スタイルに関わるもの）が含まれます。

134

22))。実際に，この位置は 'interpolation' (Perkins (1983: 102-104), Hoye (1997: 196-199)) と呼ばれ，'modal environments tend to favour the interpolation of adverbs which express dubitative meanings'(Hoye (1997: 197)) と言われるように，可能性や確信度を表すモダリティ表現が生起しやすい（関わりの深い）位置なのです。

表2：ジャンル毎のスタンスを表す副詞類の生起位置 (Biber et al. (1999: 872) より抜粋)

	Initial position (%)	Medial position (%)	Final position (%)
CONVERSATION	●●●	●●●●●●●●●●	●●●●●●●
FICTION	●●●●●	●●●●●●●●●●●	●●●●
NEWSPAPER	●●●●●●●	●●●●●●●●●●●	●●
ACADEMIC	●●●●●●	●●●●●●●●●●●●●	●

(●一つで5%を表す)

全体の使用傾向が明らかになったところで，もう一度，法副詞の生起位置と機能について考えてみます。そこで生じるのが，「このような生起位置の違いは意味上，使用上の差異を生み出すのであろうか」という問いです。前提として，全く同じ効果を得るためであれば，同じ位置に用いればいいはずであり，したがって生起位置の違いには，何らかの意味があるように思われます。実際，Bolinger (1977: x) が "the natural condition of language is to preserve one form for one meaning, and one meaning for one form" と述べているように，位置が変われば意味も変わると考えられるのです。コミュニケーションをとる上では，原則とし

て一つの意味を表現するのに（その表現）形式が一つあれば十分
であり，二つも三つも形式は必要ないとされます。これを踏まえ
ると，（表現）形式が 2 通り（以上）存在するということは伝達
上，何かしらの意味の違いがあるのだろうと想定されるわけで
す。これを念頭に，以降の節では生起位置と機能との関係を詳細
に考察していきます。

3.　データと方法論

　本章では，一億語の大規模汎用コーパスである BNC（XML
Edition）をデータに用います。このコーパスで perhaps を検索
すると，全 33,521 例がヒットしました。次に，この中から，話
し言葉を除いた書き言葉の例を全て抽出しました。これは，書き
言葉における「中間」位置の however との比較をするためだけ
でなく，（カンマで区切られた）挿入句用法を調査するためです。
さらに，文中における生起位置を調査する目的から，分析対象を
文副詞として生起しているものに限定しました。つまり，per-
haps を含んでいる例が文を成しているものに絞りました。これ
らの条件に従い，一例一例を手作業で調べて抽出していくと，
18,789 例が得られました。これを分析対象とし，次節からは「文
頭」「中間」「文末」のそれぞれの位置に分けて，各位置における
法副詞の働きを考察していきます。

4. それぞれの位置における機能

4.1. Initial（文頭）

　文頭の法副詞について検討する前に，一般的な文頭の位置について考えてみます。伝統的に，機能言語学の分野における有名なプラーグ学派から Halliday に至る流れの中で，語順と機能の関係は盛んに議論されてきました。情報の伝達の観点から見ると，文の最初にくる要素というのは話の出発点となり，それについての話が始まるという指標なのです。換言すれば，文頭というのは「何について話すのか」が明示される特別な場所なのです。[4]

　これを踏まえて，今度は単語レベル，すなわち法副詞の前置（文頭の法副詞）を見ていきます。以下の (4) では，maybe が使われており，命題（we develop our listening skills）の蓋然性（可能性）が示されています。maybe が「中間」位置に生起する場合や助動詞（may）が用いられる場合と，表現される意味内容の点では同様なのです。

(4)　Maybe we could develop our listening skills.
　　　Theme　　　Rheme

(Halliday and Matthiessen (2014: 110))

しかし，(4) に見られるように，助動詞と法副詞では意味（可能性）が同じでも語順が異なることが見てとれます。この点から，助動詞の場合と上の (4) とでは「モダリティ」ではなく，主題の

---

[4] 近年も，句や節の前置に関する研究が盛んに行われていますが，節の前置とその要因に関する詳細は，Thompson (1985), Haiman and Thompson (1988), Ford (1993), Diessel (2005) を参照してください。

点で異なるとされています。つまり，話の出発点が異なるので
す。(4) は we について話し手あるいは書き手の話が展開されて
いますが，we に加えて，maybe も文の最初に登場しています。
Halliday らの分析の中で，法副詞が最初に生起すると，そのモ
ダリティ（の意味）が主題となることが指摘されています (Halli-
day (1970: 335)，Perkins (1983: 102-104)，Hoye (1997: 148-152)，
Halliday and Matthiessen (2014: 105-111))。具体的には，後に続く
話の蓋然性（可能性）が先に示されることで，「今から自信のな
いことを伝えるよ（今から言うことは自信のないことだよ）」，と
いう話し手あるいは書き手のメッセージが込められるのです。[5]

　実際の perhaps の生起割合については，Biber et al. (1999)
に従って分析を行い，以下の図 1 のような結果が得られました。
この図から，先の表 2 と比べると，perhaps は他の副詞と異なり，
文頭での生起割合がかなり高いことがわかります。この点は，他
の法副詞やモダリティ表現とは異なる，perhaps に特徴的な性質
です。また，具体的な機能については，上での議論を踏まえる
と，perhaps に示されるモダリティが「主題」となり，先に話し
手の態度（命題について自信がないという心的態度）を示す役割
を担っているといえます。(5a, b) にその一例を示しています。
(4) と同様に Theme-Rheme（主題-題述）構造において重要な役
割を果たしているのです。

---

　[5] さらに議論を発展させて，このような文頭位置と主観性との関連につい
て は，Traugott and Dasher (2002)，Brinton (2008)，Traugott (2010,
2012)，Beeching and Detges (2014) を参照してください。

138

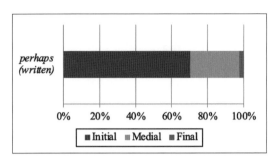

図1：perhaps の生起位置の割合

(5) a. *Perhaps* she would enjoy it more if Lydia stopped
       whimpering.   (BNC: G0X)

   b. *Perhaps* reason was a better way of persuasion.

                                                (BNC: ACE)

4.2.　Medial（中間）

　次に，「中間」の位置ですが，perhaps については「文頭」の後
塵を拝す結果にはなったものの，先に表2で見たように，この
種の副詞の代表的な生起位置です。しかしながら，「文頭」の位
置での機能（「主題」を示す働き）とは異なり，この位置ではモダ
リティを表すだけかというと，そのようなことはありません。こ
の典型的な場所でも，助動詞とは異なる機能を有する点をこれか
ら見ていくことにします。

　「中間」の位置では，(3b-e) のように様々な位置に生起すると
言われていますが，伝統的に議論されているのは (3b) と (3c)
の二つの位置です。実際，Dixon (2005: 389) では，normally
のような文副詞の中間位置について (6) の 0-3 の位置で考えた

場合，"its preferred position would be **1**, after the first word of the auxiliary" (389) (cf. Taglicht (1984), Biber et al. (1999)) と述べられており，基本的には先の例でいう (3c) の位置が好ましいということです。

(6)　The petitioners **0** would **1** have **2** been **3** dealt with in
　　　strict sequence.　　　　　　　　　　　(Dixon (2005: 389))

さらに，Quirk et al. (1985) では法副詞についても同様のことが言えるとされ，以下の例によって具体的に示されています。否定が関係すると，not の前に生起するため，(7c, d, f) で示されるように主語の後の位置に生起しますが，基本的には (7b) のようには生起しにくいというものです。

(7)　a.　They can *probably* find their way here.
　　b.　(?)They *probably* can find their way here.
　　c.　*They can't *probably* find their way here.
　　d.　They *probably* can't find their way here.
　　e.　He was *probably* unhappy.
　　f.　He *probably* wasn't unhappy.

(Quirk et al. (1985: 494))

では，(3b) や (7b) の位置に生起する例というのはどのようなものなのでしょうか。however の例に戻りますが，Ungerer (1988) で取り上げられていた (1b) の例では however が当該位置 (主語のすぐ後の位置) に生起しています。(1a, b) の例をそれぞれ広げてみると，両者の違いが鮮明になります。それぞれ以下の (8a, b) です。

 (8) a. The audience listened attentively all through the lecture. *However*, they didn't at all seem to approve of what they heard.

   b. Most of the audience listened attentively. <ONE YOUNGster>, *however*, yawned ostensibly.

(Ungerer (1988: 332))

(8a) の例では，二文とも同じ聴衆について，その行動や態度を描写しているのに対し，(8b) の例では二文の主語が異なっており，most of the audience と one youngster の対比・対照が明らかにされています。(1a, b) の文脈を広げてその差異を見てみることで，それぞれの働きがわかる点は特に興味深いです。このように，主語のすぐ後ろの位置に生起する副詞には，すぐ前の主語に着目させる働き，言い換えれば，主語の対比・対照を示す働きがあるとされます (Greenbaum (1969), Ungerer (1988), Garner (2003), Lenker (2011, 2014))。以上から，(3b) と，(3c) の位置は分けて考える必要があること，一般的な (3c) の位置とは異なり，特に (3b) の位置については上述の働きを踏まえて分析していかなければならないことが言えます。またこれと関連して，Lenker (2014: 31-33) では，前方照応の代名詞は基本的にトピックとなるので，このような代名詞が主語の場合，副詞は主語の後の位置には見られない点も併せて述べられています。

 ここまでの議論を踏まえて，「中間」位置の perhaps について，特に (3b) の位置に着目して考察していくことにします。[6] 実際

---

 [6] (3) の生起位置の提示では助動詞や動詞句がすべて生起していることを前提としているため，特に *M* の生起位置については *iM, M, mM, eM* の区別

のデータを見てみると，表 3 に示す結果が得られたことから，大半の例が (3c-e) の位置に生起していた一方で，(3b) の位置に生起する例も少なくなかったと言えます。基本的には，(3c) の典型的な位置で用いられ，特定の条件下においては (3b) の位置でも使用されると考えるのが妥当です。

表 3：「中間」位置における perhaps の内訳

	After the subject	After the first auxiliary verb	計
Medial *perhaps*	423	4,644	5,067

　この (3b) の位置，すなわち「主語の後の位置」の例を詳細に見てみると，興味深い事実が明らかとなりました。そのおよそ半数の例において，perhaps が「挿入句用法 (parenthetical)」で用いられていたのです。「挿入句用法」とは，以下の (9a-c) の例のようにカンマで区切られた用法で，(モダリティを表す代表的な表現である) 助動詞には見られない，副詞特有の使い方です。[7]

がつかないことが多く，これらを包括して *M* と扱うべきだとされています (Quirk et al. (1985: 495fn))。たとえば，助動詞がない場合，*M* か *iM* の区別がつかず，また助動詞と動詞の間に生起した場合には *M*, *mM*, *eM* の区別がつかないのです。本研究では明確に *iM* と判別できる例のみを取り上げ，それを After the subject として分類しています。

[7] 一般 的 に，"syntactically unintegrated elements which are separated from the host clause by comma intonation and function as comments" (Rouchota (1998: 105)) と定義されているように，書き言葉ではコンマによって主節から切り離された要素と考えられており，様々な語用論的機能との関連から分析が進められています。挿入句用法として用いられてる副詞の具体例としては，たとえば以下のようなものが挙げられています。

　(i)　*Confidentially*, the conference will have to be called off.

(9) a. Your goddess, *perhaps*, is chewing gum.

(BNC: CCN)

b. The British team, *perhaps*, was inspired by our first gold medal, ... (BNC: BMM)

c. The most important factor, *perhaps*, was the changing status of West Germany. (BNC: CLR)

この挿入句用法の perhaps と通常の用法（挿入句用法以外のすべて）の分布割合を示したのが以下の図2です。この図に示されるように，perhaps の通常の用法と挿入句で用いられる用法との間で，生起位置が大きく変化することが明らかとなりました。perhaps が挿入句用法で用いられると，「主語の後の位置」に生起する割合が通常の6倍以上となっています。すなわち，文中において，「主語」と「それ以外の部分」が perhaps によって分断される傾向が強いのです。

(ii) The trains are, *fortunately*, still running.

(iii) *Evidently*, Peter is faithful to his wife.

(iv) John is having an affair with his PA, *allegedly*.

(Rouchota (1998: 97))

一般的な挿入句用法の定義や使用，さらに話し言葉における挿入句用法については Corum (1975), Rouchota (1998), Burton-Roberts (2005), Dixon (2005), Dehé and Kavalova (2007), Dehé (2014) を参照してください。

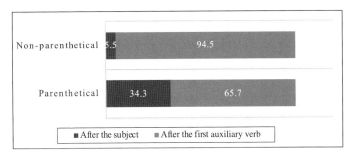

図2：perhaps の（非）挿入句用法と「中間」位置の内訳

　この挿入句用法と「主語の後の位置」の関係について，明らかとなった重要な言語事実がもう一つあります。表4を見てみましょう。この条件下における，主語の種類を分類したものです。この表に見られるように，主語が代名詞となる割合が全体の22.4% を占めるのです。

表4：主語の後の perhaps と主語パターン

	Pronoun	**Rest**	**計**
perhaps after the subject	39	134	173

　(8a, b) で見てきたように，「主語の後の位置」の事例では主語に焦点が絞られ，対比や対照の文脈となるため前方照応の代名詞は生起しない，と先行研究で述べられていましたが，実際には一定数生起しているのです。たとえば，以下の (10) の perhaps の例です。

(10)　Anne Greasley and Imogen Egford recall the daunting experience of Professor Fraenkel's seminars on Greek

Metre.   Many of us, but not all, are keen to see
Somerville remain a women's college.   Above all,
however, is the recurring theme of lasting friendship.
That, *perhaps*, is the most enduring gift that many of
us received from our years at Somerville.   I hope,
then, that this report on those who matriculated in
1966 will give some of us the opportunity to renew
some of those special friendships—formed at a pecu-
liarly impressionable time of our lives—with those
with whom we have failed to keep in touch.

(BNC: J2B)

(10) の例は，永遠の友情について語られる一節からの抜粋です。
perhaps が主語の後に生起している文の主語には that という代
名詞が用いられ，前の文から続いていて，「友情」を指していま
す。二つの事物が対比・対照されたりするのではなく，前の文か
らの続きで，同じテーマについて話が展開されているのです。

　このように，perhaps が生起している文については，一文が
perhaps によって二つの部分——that というテーマ（主題）とそれ
について述べられる具体的内容——に分割されていると言えま
す。この点でも，perhaps のような法副詞は，however の使用事
例とは性質を異にします。

　それでは，この分断は何を意味するのでしょうか，いったいど
のような効果を伴うのでしょうか。Taglicht (1984) では (11)
の例のように，節を二つの部分に分けることができる，すなわち
接続詞の however が節を二つの要素に分離する，と説明してい

ます。その二つの要素とは，いわゆる「主題」と「題述」のこと
です。「主題」は「何について述べられているのか」を指し，「題
述」は「その主題について話し手が述べる内容」のことです (Hal-
liday (1967), Halliday and Hasan (1976), Halliday and Matthiessen
(2014))。このように，談話の流れという視点から見た場合，節
は主題とそれ以外という二つの部分に分けることができるので
す。

 (11) John, *however*, was painting the shed.
    Theme   Rheme

             (Taglicht (1984: 22))

(11) の however と同様に，法副詞 perhaps がその二つの要素の
間に（挿入句的に）生起することで，この「主題」と「題述」の切
れ目が強調されるのです。(12a, b) が様々な「主題」の直後に生
起している例です。主題と節の残りの部分（題述）が分離され，
そこには間が置かれるのです。そうすることで，話し手の話の流
れが分かりやすくなり，聞き手はそれを手掛かりに情報をより容
易に理解することができます。話し手の意図やメッセージをより
明確にするために，however と同様，perhaps も大きな役割を果
たしているのです。

 (12) a. Tomorrow, *perhaps*, will be different. (BNC: CAF)
   b. Cave, *perhaps*, was a misnomer. (BNC: JY8)

(10) の that の例のように，主語が代名詞の場合はそれが「主題」
となり，他の主語の場合と同様に考えることができます。つま
り，代名詞と生起する場合においても法副詞が「主語の後の位置」

に生起すれば，この「主題・題述」の構造と深く関わるのです。

このほかに，書き言葉に特有な事例も多く見られました。以下の例に示すような，いわゆる「倒置」の文例です。

(13) a. At the back of my mind, *perhaps*, was a kind of childish vanity. (BNC: CEX)

b. Easily forgotten, *perhaps*, is the fact that the Opéra orchestra accompanied Bambini's singers.

(BNC: J1A)

perhaps が「主題」と「題述」の間に生起し，それらを分離している，という点は全く同じです。さらに，文の最初の部分（主題）の形容詞形が比較級や最上級になっている以下の例のような表現も多々観察されました。表4に戻りますが，主語が代名詞以外の例である全132例の多くが，このように主題部分に比較級や最上級を含んだ例でした。

(14) a. **More important**, *perhaps*, was the notion of political spillover. (BNC: CLR)

b. **Less obvious**, *perhaps*, is the other side of the equation. (BNC: EEE)

c. **More common**, *perhaps*, is a desire to reform.

(BNC: CMS)

もちろん，上で見たように「主題」と「題述」を分離するという働きは全く同じですが，倒置が用いられているために，いわゆる「焦点」(focus) の問題とも密接に関わる事例です。上で見てきた構造と全く同じものが以下の例でも見られます。（イタリック

で示された部分に焦点がある。) このような構造が書き言葉に特有の性質であることは Taglicht（1984）で併せて述べられています。

  (15) a. Remarkable, too, was *his gift for mimicry*.

        b. Also present at the meeting was *the leader of the Macedonian trade delegation, Mr Vladimir Slivovic*.

(Taglicht（1984: 84-85））

also や too, さらには only や particularly のようないわゆる「焦点」を表す副詞と全く同じ文構造で用いられていることがわかります。当然のことながら, perhaps をはじめとする法副詞はもちろん, このような副詞とは性質を異にします。しかし, 同じような構造で使用されている, 換言すれば, 同じ生起文脈で用いられているということは重要であり, このことから結果的にそれらと同様の機能を有している, と考えることができます。すなわち, 「主題」と「題述」を分断する機能を有しながら, 倒置や焦点といった特殊な構造にも関わり, レトリックに大きな貢献を果たしているのです。このように, 語順が固定化した現代英語においても, 法副詞は焦点を表す副詞と同じように用いられ, 同じような機能を担い, 結果として語順の選択の幅を広げるのです。

4.3.　Final（文末）

　図 1 で見たように, perhaps が「文末」の位置に生起する割合は決して高いものではないものの, 一定数見られました。今まで見てきたように, 「文頭」でもなく, 「中間」の位置でもなく, わざわざ文の最後の位置に副詞が置かれるのであれば, それには何

148

らかの理由，あるいは効果があるはずです。以上を念頭に，主に語用論的な働き，効果との関係を明らかにします。

　まず，(16a, b) の例を見てみると，節を発話するにあたり，文末に perhaps が付け加わることで，断定の力が弱まっていることがわかります。このように，文末の perhaps には，発話の力を和らげる語用論的な効果があります。

(16) a.　Our situation is desperate, *perhaps*.　　(BNC: CJA)

　　 b.　He's a little peculiar, *perhaps*.　　(BNC: FR6)

同じように，次の (17a, b) の例を見ることにします。すぐ目に付くのは，上の (16a, b) とは異なり，疑問文の中で生起しているという点です。話し手と聞き手のやり取りを考えた場合，平叙文は相手に情報を与える働きがある一方で，疑問文には逆に相手から情報を引き出すという働きがあります。この点を踏まえると，疑問文を用いることで，話し手が聞き手を相互やり取りのプロセスに引き込もうとしている，換言すれば，聞き手から情報（返答）を引き出そうとしていることがわかります。この文脈において，文末の perhaps が効果的に用いられているのです。

(17) a.　I'll see you later, *perhaps*?　　(BNC: CEB)

　　 b.　You have heard of the Black Sea, *perhaps*?

(BNC: FUB)

もう少し具体的に見ていくと，たとえば，上の (17a) では相手に確認をとる，あるいは念押しする状況が確認されます。このように，発話の力を弱めることで，疑問文の末尾の perhaps には，面目を保つ，あるいは体面を守る働きがあります。そのような言

い方が許容される相手に使用しているはずだという点から考える
と，相手との関係，言ってみれば相手との親密さを確認する働き
があるとも言えます。ところで，このような機能は文末の per-
haps に特有のものかというと，そうとも限りません。たとえば，
以下の「中間」位置における例を見てみましょう。

(18)　The mixed feelings were, *perhaps*, a little cowardly
　　　　on my part.　　　　　　　　　　　　　　　(BNC: CRS)

(18) の例では，直接的に謝るのではなく，間接的に自分の責任
を認めて，謝罪が行われている状況が見てとれます。つまり，
perhaps を用いることで，話し手の面子が保たれているのです。
このように，perhaps という言語表現が同じ記号を有している以
上，（語順に関係なく）共通の意味や性質も当然ながら有してい
るわけです。

　では，「文末」位置における perhaps に特有の機能はどのよう
なものでしょうか。さらに，次の例を見てみることにします。

(19)　a.　You would like to come with me, *perhaps*?
　　　　　　　　　　　　　　　　　　　　　　　(BNC: CKE)

　　　b.　Well, then, would you consider renting the house to
　　　　　a holiday company, *perhaps*?　　　(BNC: HH8)

(19a, b) の例では上の (17a, b) の例と同じように，perhaps は
疑問文中に生起しています。そして，先程の例と異なるのは，
would や well に示されるように丁寧さを表す文脈，あるいは聞
き手に何かを要請する状況で副詞が用いられている，という点で
す。以上から，話し手と聞き手の間の相互やり取りにおいて，

perhaps は効果的に用いられ，他の談話標識や語用論標識と同じように語用論的な面に大きく貢献していることがわかります。

　このように，モダリティを表す表現が対人的な意味を創出している点は，いわゆる「間主観化」と関係します。間主観化とは以下のように，話し手の意図に関わる（主観的な）意味を表すものから，話し手と聞き手に関わる（相互的な）意味を表すものへの変化を示しています。

(20) a.　non- / less subjective　>　subjective　>　intersub-jective

　　　(Traugott (2010: 35)，Traugott and Dasher (2002: 225)；cf. Traugott (1989))

b.　(clause-internal) adverb　>　conjunction / sentential adverb　>　pragmatic marker　(Brinton (2008: 27))

とりわけ，Lenker (2010)，Haselow (2011, 2012a, 2012b, 2013)，Beeching (2016)，Traugott (2016) では，actually, anyway, but, even, so, then, though といった副詞や接続詞の文末用法が，この（間）主観化との関係から議論されています。また，法副詞について言えば，その文末用法や周辺部における働きについて，Aijmer (2013) で of course の機能が，Traugott (2014) で no doubt や surely の機能が生起位置との関連で詳細に論じられています。本章での法副詞 perhaps は，これらの研究と文末における間主観的な用法の点で分析結果において軌を一にし，副詞をはじめとする様々な表現に関してさらなる一般化の可能性を秘めている事実を示唆するものです。

5.　おわりに

　本章では，perhaps を例にとり，様々な生起位置における機能を詳細に分析していくことで，語順と機能との関係を議論しました。通常は，助動詞や法副詞などのいわゆる「モダリティ表現」の典型的な「中間」の位置に生起するのですが，「文頭」位置や「中間」位置における挿入句用法，さらには「文末」位置など，様々な位置に生起し，語順の多様性に大きく貢献している様子を明らかにしました。特に，「同じ」中間位置においても，挿入句用法になると「主語の後の位置」に場所を変える傾向があるのは特筆すべき点でした。この点といわゆる「焦点」に関係する用法は，however のような副詞と全く同じ用法であり，類推による使用の接近があったと考えられます。以上のように，however と同じような機能を有する事実と，モダリティを表す法副詞独自の振る舞いと，その両方の点を詳細に議論しました。

　語順の決定は話し手の意図であり，生起位置には話し手の心的態度が表現されます。結果的に談話の重要な位置にモダリティの要素が関わっているのは偶然ではないでしょう。同じように話し手の心的態度を表す，つまり同じく心的態度に関わるモダリティの表現（つまり法副詞）だからこそ，親和性があり，効果的に用いられると考えられます。このように，副詞にはレトリックを豊かにしたり，意味を豊かにしたりする働きがあり，それこそが語順の豊かさを生むのです。

Appendix

図 1：perhaps（written）の生起数（BNC）

	Initial	Medial	Final	計
written	13,267	5,067	455	18,789

図 2：perhaps の（非）挿入句用法と「中間」位置の内訳

	After the subject	After the first auxiliary verb	計
Parenthetical	173	331	504
Non-parenthetical	250	4,313	4,563

第 5 章

英語の談話照応における
代名詞と定名詞句の機能分担[*]

西田　光一

[*] 本章は，西田（2013, 2019, 2021），Nishida（2005, 2011, 2019）の内容と部分的に重なりますが，議論はすべて新しく作り直してあります。2021 年 8 月 2 日に「日本語訳では理解できない英語のしくみ」と題してオンライン開催された第 17 回英語語法文法セミナーで筆者が発表した「英語の照応表現の選択のバリエーション」の原稿も修正し，組み込んであります。本研究は JSPS 科研費 18K00542, 18H00680, および 2019 年度から 2022 年度まで継続的に山口県立大学研究創作活動の助成を受けています。インフォーマントとしてご協力いただいた Anne Thomas, Kristen Sullivan, Amy Wilson, Mark Swanson の各氏にお礼を申し上げます。本章は先行研究の成果をまとめたところが多くありますが，3 節と 4 節を中心に筆者の見解を示したところもあります。本章の不備や誤解はすべて筆者の責任です。

1. はじめに

本章は英語の談話照応に関し，三人称代名詞と定名詞句は別の機能を担い，照応の内容が違うことを示します。以下では，特に断らない限り，単に代名詞と呼ぶ場合は he, she, it とこれらの屈折形を含めた三人称単数の人称代名詞のことを指します。

本章の構成は次のとおりです。2 節では本章の照応の理解を示します。3 節では代名詞と定名詞句の使い分けを中心に照応の諸表現を分類します。具体的には，代名詞は主に文法上の理由で使いますが，定名詞句は使う理由が語用論的な情報提供にあることを示します。4 節では文法と語用論の分業の観点から照応表現の説明方法を探求します。5 節では談話照応と英語学習の関係を論じます。6 節は結論です。

本章は談話照応に関して網羅的ではありませんが，できるだけ多くの例文と先行研究を紹介し，今後，この分野を学ぶ人の関心に応えたいと思います。

2. 照応の理解

ある表現 A の内容を知ろうとする際，表現 A と同じ文脈内，狭い場合は同じ文内の別の表現 B を参照する必要がある場合，表現 A は表現 B に照応的と言います。このように照応を理解すると，多様な関係が該当し，言語学の下位分野に応じて対象が違うことが分かります。

照応は名詞句と代名詞以外にもあります。たとえば，I hope so. や I hope not. といった文での so や not は，Will Jane come on time? といった先行の疑問文を受ける照応表現で，先行の疑問文に対し，肯定の照応が (I hope) so であり，否定の照応が (I hope) not になります。

　本章では名詞句と代名詞の照応表現を扱います。ただし，統語論と談話研究では扱う照応の種類が違います。統語論では John respects himself. の himself のように再帰代名詞，特に動詞の直接目的語に生じ，同一節内で主語と同一指示になる再帰代名詞が文の構造分析の指標になるため，主にこの位置の再帰代名詞が研究対象です (Reinhart (1983), Büring (2005))。一方，談話研究では 2 文以上の範囲で指示表現と，それを受ける代名詞の用法が主な対象です。

　本章は Halliday and Hasan (1976) を参考に，照応表現を代名詞に限定せず，多様な選択肢を認める立場をとります。そのため，照応表現は談話内で話し手が同じ指示対象を指示し続ける手段であり，その指示の表現方法に変化を与える手段を含むと考えます。また，主に談話照応を扱うため，再帰代名詞は基本的に扱いません。

　Halliday and Hasan (1976: 15-16) は，(1) の談話に登場する各指示対象が 2 回目以降，どう言及されるかを (2) の表にまとめています。(1) と (2) で S は Sentence の略です。

(1)　$_{(S1)}$Short places *Johnson over Jordan* squarely in the tradition of expressionist drama. $_{(S2)}$He says that Johnson is a typical Briton, an English Everyman. $_{(S3)}$He regards the play as an imaginative presentation of the mind of a man who has just died. $_{(S4)}$But, he adds,

Priestley is more interested in Johnson living than in Johnson dead. (S5)In this the play is expressionist in its approach to theme. (S6)But it is also so in its use of unfamiliar devices—the use of masks, the rejection of the three or four act lay-out of the plot. (S7)And, finally, he points to the way in which Johnson moves quite freely in and out of chronological time.

(2)

	(i)	(ii)	(iii)
	Short	*Johnson over Jordan*	Johnson
S1:	Short	*Johnson over Jordan*	Johnson
S2:	he		Johnson
S3:	he	the play	a man who has just died
S4:	he		
S5:		the play ... its	
S6:		it ... its	
S7:	he		Johnson

この談話で *Johnson over Jordan* は代名詞の it に加え，the play という定名詞句にも，Johnson は a man who has just died とも言い換えられています。ここだけでも照応表現には，代名詞，定名詞句，不定名詞句という選択の範囲があることが分かります。ただし，本章では，代名詞と定名詞句を中心に議論します。

　代名詞は照応表現の基本であり，定名詞句にも照応的用法があります。不定名詞句は照応から最も遠くに位置しています。多岐にわたる不定名詞句の用法で，新たな指示対象を談話に導入する

用法を基本とすれば，既出の指示対象を言い換える照応的用法は，その対極にあり，新情報と旧情報という相反する二つの機能が同じ形式に入っていることになります。ここに不定名詞句の理解の難しさがあるわけです。もちろん照応的用法の方が強く制約されています。詳しくは Nishida（2002, 2005, 2011），西田（2013）を参照してください。

　本章の議論で不足している点をお断りしておきます。本章では，ある指示対象が談話に導入され，それが次にどのような表現で再言及されるかという問題を扱います。つまり，2 番目の言及が焦点です。しかし，実際の談話では，3 番目以降の言及も大事であり，最初，名前で導入された指示対象が 2 番目以降，代名詞などの照応表現で言及され，その後，再び名前で言及されると，その指示対象に関する話は，そこで 1 度終わるという談話構成のしくみがあります（Fox（1987））。談話の構成と照応表現の選択と非選択の関係は興味深いのですが，本章の範囲を超えており，扱いません。

　本章の範囲外でも，関係する事例を紹介だけしておきます。再帰代名詞には文内照応に加え，談話照応の用法があります。(3)は Brinton（1995: 178）から引用した例です。

> (3)　There had been times enough for a month when it had seemed to him that he was strange, that he was altered, in every way; but that was a matter for <u>himself</u>;　Henry James, *The Ambassadors*

下線部の himself は 2 行目の him や he と同一指示になりますが，この用法の再帰代名詞は，形態上の理由により主格と所有格

がないため，分布に厳しい制約があります。もちろん，主題と同一指示という点では，(3) でも下線部の再帰代名詞の位置に代名詞 him が来て問題なく，むしろ，その方が無標の選択です。ただし，文内照応用の再帰代名詞を談話照応に転用することで，代名詞では表せない意味が付加されます。この付加的な意味に関し，自由間接話法 (free indirect speech) や主人上の視点といった文体論上の問題と，文内照応の領域が談話にどこまで拡張するかという文法論上の問題が合わさり，盛んに研究されています。Zribi-Hertz (1989)，Baker (1995)，廣瀬 (2009) を参照してください。

さらに (1) の S3 に出てくる前方照応的な不定名詞句の用法も本章の範囲を大きく超えるため，以下の例を簡単に見るだけにしておきます。(3) の再帰代名詞に似て，この種の照応にも先行詞の指示対象をどう見るかという話し手の視点が関与します。この問題で詳しくは Ushie (1986) を参照してください。

(4) Braving bandits and courting kings, Joseph Rock mounted elaborate expeditions to Asia's rough hinterlands. His adventures came to life in the ten articles he photographed and wrote for *NATIONAL GEOGRAPHIC* magazine from 1922 to 1935. This article, designed in the style of his time, celebrates the work of an imperious and determined explorer.

(Mike Edwards, "Joseph Rock: Our Man in China")

ここで，an imperious and determined explorer という不定名詞句は Joseph Rock を受けていますが，当該の記事の関心は

Joseph Rock 個人というよりは，an imperious and determined explorer という属性を持っている人一般の問題であり，Joseph Rock は，そのような人の一例という解釈が得られます。前方照応的な不定名詞句は先行詞の指示対象に一般化の意味を付加するとも言えます。

　本章も代名詞と再帰代名詞の照応に関する使い分けの議論から着想を得ています。以下，代名詞と定名詞句は談話上の指示対象を後続文脈に引き継ぐ機能では共通していますが，その内容には機能分担があることを見ていきます。

　本シリーズの他の巻と方針が違って申し訳ないのですが，本章では基本的に英語の例文に日本語訳を付けていません。もちろん普通に大学生が読めるレベルの英文を例としていることも理由ですが，後で指摘するように，英語の照応表現はうまく日本語に訳せない，または日本語訳を読んでしまうと英語の正しい理解にならないという問題があるので，あえて訳文を付けていません。

3.　照応に関する代名詞と定名詞句の違い

　本節では代名詞と定名詞句の違いを具体的に見ます。Nishida (2019) では，次のような例を論じました。代名詞や名詞句の後の下付き文字 $_i$ は照応関係を表します。

(5)　Michelle Obama$_i$ is going to meet with Japanese lawyers.　{She$_i$/The famously fashionable tall woman$_i$} will wear blue at the ceremony.

(6)　Michelle Obama$_i$ said that {she$_i$/??the famously fash-

ionable tall woman$_i$} would meet with Japanese law-
yers.

(5) のように前の文の先行詞を次の文で受ける時は，代名詞でも
定名詞句でも良いです，(6) のように同じ文内に先行詞が収まる
時は代名詞が良いです。これは，代名詞と定名詞句では照応の内
容が違うことを示しています。

3.1. 代名詞の照応と定名詞句の照応の違い

先行詞と同一指示という共通点があっても，以下の 10 点で代
名詞と定名詞句は違います。もっとも，以下の 10 点は代名詞と
定名詞句の違いを網羅してはいません。

(7) i. 先行詞の指示対象が実在しない場合をはじめ，代名
詞にしか照応できない先行詞があります。

ii. 怠惰代名詞 (pronouns of laziness) は，同一語の代
用ですが，同一指示ではありません。怠惰代名詞は
意味の同一性の照応表現との接点をなします。

iii. 三人称代名詞は他の人称の代名詞の代わりに使えま
す。特に一人称代名詞に代わる三人称代名詞を話者
指示的 (logophoric) と言います。

iv. the fool のように話し手の指示対象への評価を表す
定名詞句は，分布が代名詞に似ています。

v. 定名詞句は意味内容を豊かにすることができ，先行
詞とは内容を言い換えることが望ましいです。

vi. 代名詞は格で文法的な役割を表します。特に所有格
で使える点が特徴です。

vii. 代名詞は明示的な先行詞が必要ですが，定名詞句の先行詞は推論で分かるもので良いです。定名詞句は，間接照応（indirect anaphora）の用法で先行詞に関連した少し別のものも表すことができます。

viii. 定名詞句は先行詞との距離が代名詞より長くなります。

ix. fact, result, situation などの状況を表す名詞を主要部にした定名詞句は，先行文脈全体を受けます。

x. 定名詞句は当該文脈でのみ理解可能な即席の照応表現を作ることができます。

以下で上記 10 点を具体的に説明します。議論の都合上，3.2.1 節から 3.2.10 節の内容は，西田（2006, 2017, 2021）を再構成したところがあります。

3.2. 代名詞らしい照応から定名詞句らしい照応へ

上記の（7i）から（7x）の配置には理由があり，代名詞の特徴から定名詞句の特徴へと並べてあります。ここから，上述のように，代名詞は文法上の理由で使いますが，定名詞句は語用論的な理由で使うことが見えてくるはずです。

3.2.1. 総称の先行詞を受ける代名詞

総称の不定単数名詞句を受ける照応表現は，代名詞に限られます。以下は西田（2013: 48）の例です。

(8) a. I saw a medical pianist$_i$ play the piano when {he$_i$/the player$_i$/the pale-faced player$_i$} was asked to play

by the patients.

b. A medical pianist$_i$ plays the piano for medical purposes when {he$_i$/*the player$_i$/*the pale-faced player$_i$} is asked to play by the patients.

c. A medical pianist$_i$ plays the piano for medical purposes. It is essential {for him$_i$/for him or her$_i$} to be sympathetic with the patients.

(8a) のように特定の指示対象が導入されている場合は定名詞句でも受けられますが，(8b) の a medical pianist のような総称の不定単数は代名詞にしか受けられません。(8c) のように総称の不定単数を受ける代名詞は him のような単数に加え，どちらの性にも応じた him or her でも良いです。また，(9a) のように総称の不定単数を複数の they で受けることもできます。厳密な指示の同一性が求められないからです。

(9) a. A medical pianist$_i$ plays the piano ... when they$_i$ are asked to play by the patients.

b. A medical pianist$_i$ plays the piano for medical purposes. *I always meet him$_i$ in front of the hall.

ただし，(9b) が示すとおり，総称の不定単数を特定の個人を指す代名詞では受けることができません。

次の例は Partee (1970: 384) のもので，2例とも it は先行詞とは別のものを指すため，同一指示とは言えません。

(10) a. The alligator's tail$_i$ fell off, but it$_i$ grew back.

b. My home$_i$ was once in Maryland, but now it$_i$'s in

L.A.

この事実を基に，Partee は，先行詞との現実的な同一指示より，むしろ話し手が同一と想像できることの方が重要と指摘しています。こう考える根拠として，(10b) で家族との生活の場を表す home を，より物理的な建築の意味の house に代えると，it は現実的にメリーランドからロサンゼルスに移築した家を受けるようになると言っています。

　定名詞句は基本的に同一指示の関係しか表せませんが，代名詞は先行詞に量化された名詞句や不在のものを表す名詞句も許容し，具体物のレベルに加え，抽象的なタイプの同一性も表すことができます。言い換えると，同一性の関係について代名詞は定名詞句より表す種類が多いわけです。

3.2.2.　怠惰代名詞

　英語の代名詞には，Geach (1962) 以来，怠惰代名詞 (pronouns of laziness) と呼ばれる用法があります。これは，神崎 (1994: 7) の説明では「同一の名詞句表現を繰り返す手間を省く代名詞の用法」であり，同じ文内の先行詞と指示の同一性がない代名詞です。次例は，Fiengo and May (2006: 49) より引用したもので，下線部と下線部が照応しています。

(11)　Max, who sometimes ignores his boss, has more sense than Oscar, who always gives in to him.

文末の him は下線部の his boss が先行詞ですが，この him は his (＝Oscar's) boss の代わりに使われており，先行詞の his (＝

Max's) boss とは指示対象が違います。

　Partee（1970: 423）が次例で示すように，英語では先行詞の a gold watch と指示対象が同じ場合は it を使い，先行詞と指示の同一性がないが意味が同じ場合は one を使うという代用表現の区別があります。この one は watch のような可算単数名詞用の意味の同一性の代用表現です。

(12)　John was looking for a gold watch and Bill was look-
　　　 ing for {it / one} too.

怠惰代名詞は，(12) のような one と似ていますが，離れたところにある名詞句にも代用となる one とは違い，同一節内の他の名詞句に関連して指示対象が決まります。(11) の文末の him は同じ節内の Oscar に関連した人を表します。

　怠惰代名詞は分布が厳しく制約され，先行詞と当該の代名詞が同じ文形式に位置し，同一名詞句の繰り返しの回避が明らかな所でしか使えません。Huddleston and Pullum（2002: 1475）は，Jill adores her son$_i$, but Liz doesn't like him$_i$ at all. という例文をあげ，後半の節の him は Jill の息子を受ける読みしかないと指摘しています。怠惰代名詞にならないわけです。

　この代名詞の用法は Karttunen（1969: 114）が論じた次例が有名となり，ここから怠惰代名詞は paycheck pronouns とも言われます。(13) では下線部の it は his paycheck が先行詞ですが，指示対象は違います。

(13)　The man who gave his paycheck to his wife was wiser
　　　 than the man who gave it to his mistress.

Karttunen は，怠惰代名詞の先行詞にある his は常に his own の
意味になると指摘しています。ここから，(13) には，Every
man gave his paycheck to his beloved one, and the man who
gave his paycheck to his wife was... のように his を各節内で
his own の意味に解釈させる量化詞が付いた先行文脈が了解され
ていると考えられます。実際，Kempson (1988: 143) は，怠惰
代名詞は次のように量化詞が付いた先行詞とともに現れると例示
しています。

(14)　My gran put her paycheck under her bed, but every-
　　　one with any sense put it in the bank.

下線部の it は her paycheck が先行詞ですが，my gran's pay-
check とは同一指示ではなく，everyone with any sense の各自
の小切手を指します。

　Kempson (1988) の指摘を基に，Lyons (1999: 32) は，怠惰
代名詞は代名詞にしかできない照応で，定名詞句の間接照応に対
応する代名詞の用法として，次例を挙げています。

(15)　I glanced into the kitchen and saw that the windows
　　　were filthy; in the bathroom, on the other hand, they
　　　were quite clean.

この例でも，下線部の they の先行詞は the windows ですが，指
示対象は違います。本章の立場では，この例には，次のような量
化された名詞句を主語とする文が先行していると考えられ，怠惰
代名詞は量化された名詞句の具体例（ここでは個々の部屋）と同
じではありませんが，各具体例に関連するもの（ここでは部屋の

窓）を表すと言えます。

(15′) (Every room into which I glanced had windows.) I
      glanced into the kitchen and … the windows were
      filthy; in the bathroom … they were quite clean.

Lyons（1999）の指摘のように，怠惰代名詞は主題の指示対象と
同一指示にならず，その付属物を表す点で 3.2.7 節で後述の間接
照応の定名詞句に類似していますが，間接照応の定名詞句との最
大の共通点は，先行詞を導く文が一つ省かれている点にあると
言って良いでしょう。

　(15) にあるように，怠惰代名詞の先行詞は所有格付きの名詞
句とは限らず，定名詞句でも良いです。実際，Kempson（1986:
212）が (16) で例示するように，every などで量化された先行詞
を受け，先行詞が表すものが変わると，それに応じて表すものが
変わるという解釈を受ける照応表現は，指示表現全般から作るこ
とが可能です。

(16) Every day she woke up sweating, she knew later that
      day she'd have a migraine.

(16) では，every day she woke up sweating が表す日付ととも
に that day の値が変わり，前者が 6 月 9 日であれば後者も 6 月
9 日，前者が 9 月 7 日であれば後者も 9 月 7 日という解釈を受
けます。このような束縛変項の解釈は，量化された先行詞を受け
る三人称代名詞に与えるのが最も容易とはいえ，三人称代名詞に
固有なわけではありません。

　怠惰代名詞には (15′) のように量化された主語付きの先行文が

了解されていると見ることにより，怠惰代名詞は (i) 表面上の先行詞と同一指示にならず，(ii) 同一文内の主題の指示対象に関連するものを表し，(iii) 同じ形式の文の繰り返しの環境に生じることが導かれるわけです。

　安原 (2012: 142-148) も，John closed his eyes, while George opened them. の them が怠惰代名詞であり，この種の代名詞は対比で関係づけられる 2 文間にしか生起しないことを指摘しています。ただ，安原は怠惰代名詞がなぜ同一形式の対比の文脈を必要とするか議論していません。ここでの答えは単純で，2 文とも Everyone did something with their eyes. といった先行文の作用域に入るからです。

　これは怠惰代名詞を，単独の用法とせず，量化された先行詞を受ける代名詞との共通点から導く考え方です。実際，文境界を越えて量化詞が後続の代名詞を作用域に収める事例があります。次例は Karttunen (1976: 337) のもので，she は a girl を先行詞としますが，every の作用域に入っているため，毎回，別の女性を表す読みが得られます。

(17)　Harvey courts a girl at every convention. She always comes to the banquet with him. She is usually also very pretty.

van Hoek (1997: 152) が Dinsmore (1991: 195) から引いた次例も同様の趣旨です。(18) の第 2 文と第 3 文の he と his は第 1 文の each player を受け，同一指示になりません。

(18)　In chess, each player tries to capture the opponent's

king. If <u>he</u> moves a piece into a position that attacks the king, <u>he</u> must say "check." If <u>his</u> own king is attacked by a piece of the opponent's, then <u>he</u> must either make a move to avoid the attack, or resign the game.

Every father wants his son to be better than him. といった例のように，量化詞の every や each は基本的に一つの節を作用域とし，その節内の代名詞を束縛します。ただし，(17) や (18) のように，同じトピックが続く場合は，その作用域が後続文に広がることもあるわけです。

　怠惰代名詞は後続の二つの節を同じ観点で比較する量化詞付きの先行文が容易に想定される場合にしか使えません。(11) でも，Every man works his boss in a unique way. といった文が先行し，この his boss の his の特徴を (11) 前半の his boss と (11) 後半の him が受け継いでいます。

　ただし，先行の量化の文は一つの観点を表すものを，一つしか補うことができません。Haik (1986) によると，(19a) では第 2 節の it は怠惰代名詞として使えます。Everyone drinks his coffee in a unique way. といった先行文で二つの節が比べられるからです。

(19) a. John made <u>his coffee</u> black and Peter drank <u>it</u> with milk.

　　b.??John made his coffee black more often than Peter drank it with milk.

一方，（19b）は容認されません。more often than が表す頻度の比較は，量化詞付きの先行文に入っておらず，頻度の比較が入ると，二つの節を同じ一つの観点で比べられないからです。

　怠惰代名詞は，英語で代名詞を優先的に使う理由も教えてくれます。仮に（19a）で代名詞の代わりに名詞句を使うとしたら，了解された先行文との関係で，it の位置には his coffee が入ります。ただ，これは分かりやすくても，最初の節で his coffee，次の節でも his coffee と同一の名詞句を繰り返すことになります。後で（30b）でも見ますが，同一名詞句の繰り返しの回避は，代名詞を使う強い理由です。

3.2.3.　話者指示詞的用法の代名詞

　話者指示詞も代名詞に特徴的な照応です。話者指示詞とは発話や思考を表す動詞（logophoric verbs）の補文に生じ，その発話や思考の主体である主節主語を受ける照応表現のことです。Kuno（1972）は expect の補文は直接話法に直すと，一人称の指定があると言います。expect は主語の内面を直接表すので，（20a）の補文は，John expects, "I will be elected." という直接話法に基づくことになるからです。

(20)　a.　John$_i$ expects that he$_i$ will be elected.

　　　b.　That he$_i$ will be elected is expected by John$_i$.

　　　c.　*That John$_i$ will be elected is expected by him$_i$.

　　　d.　*That John$_i$ will be elected, he$_i$ expects.

Kuno 自身が断るように，expect は直接話法補文を取る動詞ではありません。あくまで主語の内心を表すための手段として一人称

の発話が基にあると Kuno は考えたわけです。

　この証拠に，(20a) に対応する受け身文は語順では逆行照応的な (20b) であり，(20c) のように補文内に John という人名を入れると，主語の内心として，He expects, "John will be elected." という他者についての期待を表すことになって expect の語義とは矛盾するので，容認されません。また，(20c) を強いて he と John で同一指示に解釈しようとしても，主語が自称に人名を使うことになり，不自然です。主語の人の一人称的な内心を表す補文の中に自分の名前を入れるところに問題の起因があるので，(20d) のような節の前置でも容認されません。

　Kuno の議論は，通言語的に対話では話し手は自称に代名詞を使い，名前は使わないという観察に基づいています。

　Kuno (1972: 166) の例を基に，rumor にも一人称志向の用法と三人称志向の用法が区別されることが分かります。

(21) a. The rumor that John$_i$ would become the president of the Corporation was denied by him$_i$.

b. The rumor that he$_i$ would become the president of the Corporation was denied by John$_i$.

c. *The rumor that John$_i$ would become the president of the Corporation was spread by him$_i$.

d. The rumor that he$_i$ would become the president of the Corporation was spread by John$_i$.

(21a, b) のように deny の補文で噂を否定するときは，話し手は噂を自分のことばではなく，他者のことばとして表すことができるため，補文内に自分の名前が入って良いです。一方，(21c, d)

のように spread の補文で噂を広めるときは，話し手は噂を自分のことばとして表すため，補文内に自分の名前を入れることができません。

Kuno (1972: 171-172) は，元は Postal (1970: 493-498) の議論として，一人称志向の expect とは違い，ask の補文は二人称志向があると指摘しています。(22a) と (22b) の if 節は，Harry asked Betty, "Will you please come?" という直接話法に対応し，if 節内の she は直接話法の you の代用です。英語では自称語は事実上 I しかなく，対称語も代名詞の you しかないので，その代用形も代名詞に限られます。そのため，直接話法で you が入る位置に Betty といった人名を置いた (22c) と (22d) は容認されません。

(22) a.　Harry asked Betty$_i$ if she$_i$ would (please) come.

　　 b.　If she$_i$ would (please) come, Harry asked Betty$_i$.

　　 c.　*If Betty$_i$ would (please) come, Harry asked her$_i$.

　　 d.　*Whether or not Betty$_i$ would (please) come, was asked of her$_i$ by Harry.

対称語の you を代用する三人称代名詞のように，直接話法で人称代名詞でしか表せない表現は他の話法に移しても人称代名詞でしか表せないという一般化が得られます。

　上で見た (6) の代名詞と定名詞句の対立も同じ説明ができます。say の補文で定名詞句を使うと，主語の人が自称で the famously fashionable tall woman と言うことになり，不自然です。一方，she は同じ代名詞の I に変換されるので，自称として問題ありません。

次のように主節の主語が自分で話していない場合は，say の補文でも定名詞句が主節の主語指示で使えます。

(23) Michelle Obama$_i$'s secretary said that {she$_i$ / the famously fashionable tall woman$_i$} would meet with Japanese lawyers.

定名詞句は他者指示の用法のみで，自己指示の一人称代名詞の代わりにはなりません。そのため，学術論文で the present author argues that … のように使う the present author といった定名詞句は，自己指示的ではありますが，自分を他者化した表現と言うべきです。

　ここで本章で英語の例文に日本語訳を付けない理由に付言したいと思います。(20a) を「ジョンは彼が選挙に勝つと期待していた」と訳しても日本語では問題ありません。ただ，これはジョンが誰か別の男性に期待している読みになり，「彼」が一人称の代用になりません。ここでは「ジョンは自分が選挙に勝つと期待していた」と「自分」に替えるか「ジョンは選挙に勝つと期待していた」のように he を訳さないかが近いです。いずれにせよ，he に直接対応する日本語がなく，直訳が元の意味を変えるので，本章では日本語訳を付けていません。一人称の代用の三人称代名詞と日本語の「自分」に関しては廣瀬 (1997) を参照してください。

3.2.4. 代名詞的な分布の評価的定名詞句

　照応的定名詞句には代名詞に近い用法のものと，代名詞とは違う用法のものがあります。Bolinger (1972: 301) は，次の対比により，これを具体的に示しています。

(24)　I left Xavier_i because I had no use for {*the chair-
　　　　man_i / the bastard_i}.

先行詞の Xavier を受ける代名詞が使われる位置で the bastard
は使えても the chairman は使えません。Bolinger は以下の例で
も，先行詞に対し話し手の主観的評価の意味を担う定名詞句は代
名詞の位置で使えると観察しています。

(25)　a.　They brought in a capybara_i, but nobody took note
　　　　　　of {the strange creature_i / *the mammal_i}.
　　　b.　He put his beds, tables, and chairs_i up for sale, but
　　　　　　nobody wanted to buy {the junk_i / *the furniture_i}.

Dubinsky and Hamilton（1998）が言うとおり，評価的な内容の
定名詞句（epithet）を代名詞的に使うには視点が関わります。
(26) から (28) は Dubinsky and Hamilton（1998: 686）から引
用した例です。(26) に見るように，定名詞句は内容が評価的で
あろうとなかろうと，補文内から主節主語に言及する用法はな
く，この点で定名詞句は代名詞的ではありません。

(26)　a.　*Melvin_i claims that the bastard_i was honest.
　　　b.　*John_i thinks that I admire the idiot_i.

先の Kuno の議論と重なりますが，(26) が容認されない理由は，
これが典型的な話者指示詞の補文だからであり，先行詞が話者で
はないように工夫すると，補文内の評価的定名詞句が主節内の名
前を受けることができるようになります。

(27)　a.　*It was said by John_i that the idiot_i lost a thousand

> dollars on the slots.
>
> b. It was said of John$_i$ that the idiot$_i$ lost a thousand dollars on the slots.

(28) a. *According to John$_i$, the idiot$_i$ is married to a genius.

    b. Speaking of John$_i$, the idiot$_i$ is married to a genius.

評価的な定名詞句は，(20) で見た話者指示詞の代名詞とは反対に，話し手が自分ではなく第三者を表す (antilogophoric) 表現として使う必要があります。

　評価的な定名詞句は代名詞に部分的に似た分布を示します。ただ，これはなぜかという問題は未解決です。本章では後に 4 節で，評価的な定名詞句は代名詞的に使われる照応表現の諸特徴を部分的に満たすことを指摘します。

3.2.5. 意味内容が豊かな定名詞句の照応表現

　英語の談話では，初出の指示対象は基本的に不定名詞句で表し，それに対する 2 番目以降の言及では定名詞句や代名詞が使われます。Hinds・西光 (1986: 2) の次の例は，その基本パタンに従っています。

(29) Once upon a time, there was an old lady$_i$. The old lady$_i$ went to the river to do laundry. Then she$_i$ returned home and cooked dinner.

ただし，Epstein (2002: 340) が次例で示すように，実際には定名詞句を照応的に使うと不自然なことがあります。

(30) a. There's a cat$_i$ in the yard. It$_i$'s eating a mouse.

b. There's a cat$_i$ in the yard. #The cat$_i$ is eating a mouse.

先行の不定名詞句と同じ内容を繰り返すだけの定名詞句より，代名詞が基本の照応の選択です。

Heim（1982: 162）が次例で論じるように，前方照応の定名詞句は先行詞とは記述内容を変え，聞き手が前提としない内容でも使えます。

(31)　A dog barked at a cat$_i$. The little coward$_i$ ran away.

(31) では，the little coward が a cat を受ける読みが自然でも，聞き手はどの猫も little coward だと前提にする必要はありません。この文脈で指示された猫に little coward という属性が当てはまれば良いだけです。代名詞とは違い，定名詞句は記述内容があるので，先行詞の指示対象について話し手の評価や追加的情報を表すことができ，むしろ，この点に定名詞句を照応的に使う理由があります。先行詞と同じ内容の (30b) の the cat には照応的に使う意味がありませんが，(31) の the little coward にはあると言えます。

定名詞句の記述内容を利用したものが Skirl（2007）が言う特定化の照応表現（specifying anaphors）であり，言い換え機能に特化した用法です。特定化の照応表現は以下の例のようにジャーナリズムの文体で頻繁に使われます。

(32)　There are no flowers or memorials to mark the spot where Tsewang Norbu$_i$ died. On Aug. 15, the 29-year-old Tibetan monk living in the remote Chinese outpost of Tawu_i gulped down kerosene, bathed his body in the combustible liquid and struck a match.

(Hannah Beech, "Burning Desire for Freedom")

特定化の照応表現は年齢，職業，社会的地位などを表す定名詞句で先行詞の指示対象を紹介する用法です。代名詞の he は，先行詞の男性1人を誰でも受けることができ，汎用性が高い照応表現ですが，the 29-year-old Tibetan monk living in the remote Chinese outpost of Tawu という定名詞句は，(32) の文脈でTsewang Norbu を受けるのに特化しており個人向けの照応表現です。特定化の照応表現は1人を受けるので1人を指す指示表現に近く，これから論じるように，照応表現としての用法が限られています。また，3.2.7 節から 3.2.10 節で取り上げる照応的定名詞句は，いずれも個別の文脈に応じて豊かな記述内容を表す点で共通しています。

3.2.6. 格によって文内の文法的役割を表す代名詞

先行詞を he で受けると，先行詞が次の文で主語になり，himで受けると，次の文で目的語になり，his で受けると，次の文で所有者になります。これは単純なことですが，定名詞句との大きな違いです。

英語の歴史を見ると，名詞からは失われた格変化が人称代名詞には今も残っているということは，それだけ代名詞の格変化が有用なものということです。照応的な代名詞は，先行詞の指示対象が次の文に移った際の文法的役割を端的に表します。

定名詞句は先行詞への情報提供では代名詞に勝りますが，先行

詞に文法的役割を与える点では代名詞に劣ります。実際，特定化の照応表現は所有格での用法が制限されます。次例は Nishida (2019) のもので，because に続く節内の所有格には代名詞が良く，特定化の照応表現は不適格です。

(33)　Dr. Richard Brown$_i$ published a monograph, because

　　a.　his$_i$ colleagues introduced the 29-year-old smart sociologist$_i$ to the publisher.

　　b.??the 29-year-old smart sociologist$_i$'s colleagues introduced him$_i$ to the publisher.

代名詞と定名詞句は同じ同一指示の機能を担いつつ，文法と語用論で分業しているようです。特定化の照応表現は，主語のように文法上の機能は弱くても，読者への情報提供に便利な位置では使えますが，所有格のように単語と単語を組み合わせる文法上の機能では使われないからです。

3.2.7.　間接照応

　定名詞句にしかできない照応もあります。Chafe (1976) は次例の the beer を，(34a) では it に置き換えられても，(34b) では it に置き換えられないと指摘しています。

(34)　a.　We got some beer$_i$ out of the trunk. {The beer$_i$/It$_i$} was warm.

　　b.　We checked the picnic supplies. {The beer/*It} was warm.

(34a) のように代名詞の it には明示的な先行詞が必要です。

　同様の指摘は，Heim（1982: 21）と Roberts（2003: 335）に
もあります。次のとおり，代名詞は明示的な先行詞を受けます
が，定名詞句の先行詞は推論で分かるもので十分です。

(35) a. I dropped ten marbles and found only nine of them.
　　　　{The missing marble / ?It} is probably under the
　　　　sofa.

　　 b. I dropped ten marbles and found all of them, ex-
　　　　cept for one$_i$. It$_i$ is probably under the sofa.

(35a) の第1文で見つかっていない飴は1個だと分かりますが，
明示的に言及がないので，その1個を it で受けるのは不自然で
す。(35b) の第1文のように明示的な言及があれば it で受けら
れます。

　Erku and Gundel（1987）は，このように明示的な先行詞がな
い定名詞句の用法を間接照応（indirect anaphora）と呼んでいま
す。これは，先行詞と照応表現の間に推論で橋渡しが必要になる
ため，Clark（1975）は「橋渡し（bridging）」と呼んでいます。
たとえば，次のような例では，次第に推論に必要な橋渡しの内容
が変化します。

(36) a. I looked into the room. The ceiling was very high.

　　 b. I looked into the room. The windows looked out
　　　　to the bay.

　　 c. I looked into the room. The chandeliers sparkled
　　　　brightly.

(36a) では，部屋にはすべて天井があるので，the ceiling は前の

文の the room のものということが全体と部分の関係から導かれ
ます。(36b) では，部屋にはすべて窓があるは限らないものの，
通常はあるので，the windows は前の文に出た the room のもの
と推論されます。(36c) では，一般の部屋にはシャンデリアはな
いものの，the chandeliers は (36b) と同じく前の文に出た the
room のものと推論されます。

　間接照応の定名詞句は談話上，既出の指示対象に関連して，新
しい指示対象を談話に導入します (Umbach (2001))。つまり，間
接照応の名詞句の内容は照応的ではないですが，その指示対象は
既出のトピックに関連しています。

　海寶 (2002) は，van Dijk (1977: 112-113) の観察を基に，
間接照応は定冠詞 the の特質に関わると指摘しています。

(37)　We came to a deserted house. White smoke came out
　　　of {the / *a} chimney.

(37) の第 2 文の the chimney は間接照応の表現で，第 1 文の a
deserted house の一部を表します。このように前の文脈で言及さ
れたものと同じではなくても，関係のある指示対象を導入する際
は定冠詞が必要になるということです。

　これは the が付いた名詞句と this / that といった指示詞が付い
た名詞句の違いでもあります。Lyons (1999: 20) は次の例を挙
げ，the 付きの名詞句は先行文脈の the car の部品としてのエン
ジンを表すことができますが，this / that が付いた名詞句は話し
手が直接見えるエンジンを指すだけで，先行文脈との結びつきは
表さないと述べています。

(38) a.   I got into the car and turned on the engine.

　　 b. *I got into the car and turned on this / that engine.

直示の this / that が付いた名詞句には推論が不要ですが，定名詞句は推論で指示対象を割り出すのに向いています。

　名詞句に付いているので the は指示対象を特定する機能があると思えますが，この点では代名詞とは大差なく，むしろ代名詞にはない，当該の指示対象を先行文脈に位置付けるという状況を限定する機能に着目すべきです。

　van Dijk (1977) が言うとおり，間接照応の特徴として，(37) では先行文と後続文の間に橋渡しの The deserted house had a chimney. といった 1 文が省かれています。両者の間でどこまで何が省けるかという問題は，推論の妥当性に関わる重要な研究課題です。これについては，Matsui (2000) を参照してください。

3.2.8.　代名詞より先行詞との距離が遠い定名詞句

　次の談話を検討しましょう。2 段落に分かれている点が重要です。この例で，Indonesia's ban on mineral ore exports は同じ文内では it で受けますが，次の段落では the ban と定名詞句で受けます。

(39)　The World Bank has delivered a blunt assessment of Indonesia's ban on mineral ore exports$_i$, warning that it$_i$ would hit trade and government revenue and risked undermining already weak investor sentiment towards South-east Asia's biggest economy.

　　　Implemented in January, five years after the law was

> initially passed, the ban$_i$ has been met with confusion in the mining sector.
>
> 　　　　　　　　　　　　　（*The Straits Times*, March 19, 2014）

　この省略的な the ban のように，照応表現は先行詞より記述内容が薄い名詞句を使う点が特徴で，これが 4 節で見る Levinson（2000）の説明の基礎になっています。

　Ariel（1990）は，代名詞は接近可能性が高い指示対象を先行詞とし，定名詞句は接近可能性が低い指示対象を先行詞とするとして，代名詞と定名詞句は接近可能性の度合いが違うと論じています。接近可能性は，先行詞と照応詞の距離として語数の離れ方で計ります。たとえば，代名詞は接近可能性が高い分，先行詞と同じ文，もしくは次の文で使うというように先行詞と照応表現の距離が近いです。一方，Chafe（1976: 40）が言うように，定名詞句は本で言うと 100 ページ以上も前に出た不定名詞句を先行詞として受けなおすことが可能です（Lambrecht（1994: 89））。

3.2.9.　定名詞句は代名詞より文脈依存的

　定名詞句の記述内容は先行文脈を反映します。次の Maes（1996: 51）の例を考えてみましょう。

(40)　a.　A woman$_i$ was walking down the street. She$_i$ was shot down. The victim$_i$ was quickly taken to the hospital.

　　　b.　A woman$_i$ was walking down the street. ?The victim$_i$ was shot down. She$_i$ was quickly taken to the hospital.

(40b) で the victim が不自然な理由は単純で，その時点ではまだ先行詞の女性が被害を受けていなかったからです。

　次の Schmid（2000: 351）の例は，先行文脈の内容を一つの名詞句にまとめており，内田（2000）が要約的指示（summing-up reference）と呼ぶ用法です。このように要約的な照応表現をなす名詞群は，概念の外枠を与えるもので，Schmid（2000）は shell noun と呼んでいます。概念を包む貝殻という意味です。

(41)　Our ceasefire stands, say IRA

　　　By Kim Sengupta in Belfast and Colin Brown in London

　　　Northern Ireland Ministers were last night fighting to ease the crisis over the Ulster Peace talks with a clear hint that the Loyalist Ulster Democratic party could be allowed back into the negotiations at the end of this month.

　　　The move was seen at Westminster as a signal that Sinn Fein could be suspended for a few weeks ...

Francis（1994）によると，このような定名詞句は段落を変えたところの冒頭に多く出てきます。the move をはじめ，the attempt や the trouble のように shell noun を使った要約的指示の定名詞句は先行文脈を一つにまとめる圧縮度が高いからです。

3.2.10.　個別の文脈で即席的な定名詞句の照応表現

　辻本（1996）の言う直示的複合語（deictic compound）も，定名詞句の照応表現の文脈依存性を示すものです。この種の複合語

は先行文脈を受けてできるので，定名詞句で使われます。(42)
は辻本 (1996: 61) からの引用で，文脈を補足すると，マイル
ス・デイビスの父は歯科医で，治療用の金を買っていました。
(42) では，下線部の先行文を受け，the gold man という複合語
が作られています。

(42)　I remember one time when this white man$_i$ came by
　　　his (my father's) office for something. <u>He$_i$ was the
　　　one who sold my father gold and stuff.</u> Anyway, my
　　　father's office was real crowded when this white man
　　　comes in. ... No sooner did <u>the gold man$_i$</u> get into my
　　　father's office when I hear my father say to him$_i$,
　　　"What the fuck are you doing in here? ..."

　　　　　　(Miles Davis and Quincy Troupe, *Miles: The Autobiography*)

辻本が言うように，直示的複合語はカテゴリーを表さず，当該の
指示対象を種類分けしません。ここの the gold man は this
white man を受けるだけで，gold man といった職種の存在を含
意しません。言い換えると，(42) の the gold man には文脈か
ら離れ，名詞句だけから考えられるような「金色の男性，金のア
クセサリーを身につけた男性」といった解釈がありません。直示
的複合語も文脈依存的に，個別の指示対象にカスタマイズされた
照応表現をなすわけです。

　次のレシピを考えてみましょう。文脈で姿を変える指示対象を
受けるのに直示的複合語を含む定名詞句が効果的です。

(43)　4.　Add the split-peas plus the remaining herbs and

seasonings to the pan and let simmer, covered, about for 1 hour, or until the peas are soft and all the water is absorbed. If necessary, leave the rid off at the end to make sure no water remains.

5. Place the peppers in an ovenproof dish, pile on the split-pea mixture and bake, covered, for 44 to 55 minutes, or until the peppers are just cooked but still slightly firm.

(Susan B. Roberts and Betty Kelly Sargent, *The "I" Diet*)

ここの split-pea mixture は予め英語の語彙に用意された複合語ではなく，この文脈で即席に作られたものです。

ただし，このような即席表現も定名詞句の基本に忠実です。Perlmutter (1970: 247) は (44) の例を挙げ，関係詞節の内容と冠詞の選択が相関すると指摘しています。

(44) a. He greeted me with {*a / *the} warmth.

b. He greeted me with a warmth that was puzzling.

c. He greeted me with the warmth that was expected.

抽象名詞の warmth は，単独では冠詞を付けませんが，関係詞節が続くと冠詞が必要になります。(44b) では，おもてなしが的外れという意味で新情報を表す場合は不定名詞句が適切であり，反対に (44c) では期待通りという意味で聞き手にも接近しやすい内容として定名詞句が適切です。

(42) も (43) も定名詞句自体は即席ですが，当該文脈を共有していれば，そのような表し方が聞き手の期待でもあります。こ

の点から見ると，3.2.5 節の特定化の照応表現は定名詞句の諸用
法の中でも際立って個性的です。その内容が聞き手の期待に全く
ないものを含むからです。聞き手にとっての新情報を定名詞句で
旧情報的に表すのは，語用論というよりはレトリックに属す問題
とも言えますが，次節で見るように特定化の照応表現も談話内に
指示対象を増やさないという原則には収まっています。

3.3.　代名詞と定名詞句の違い

　代名詞と定名詞句は，ともに先行詞と同一指示の機能を担いつ
つ，それぞれ別の用途で使われます。代名詞には定名詞句にはな
い格変化があります。そのため，代名詞は，文の構造で名詞句が
占める位置，動詞や前置詞と名詞句の関係，名詞句間の関係など
の文法的な情報を語形で直接表します。一方，定名詞句は定冠詞
と主要部名詞から成り，代名詞とは違い，それぞれに独自の内容
があります。定冠詞の the は，代名詞と似て，話し手と聞き手が
当該名詞句の指示対象の存在前提を共有していることのサインで
すが (cf. Heim (1982))，定名詞句は内容を変えることで，個別の
文脈に応じた照応表現を作ることができます。

4.　代名詞と定名詞句の違いに関する説明方法

　本節では代名詞と定名詞句の違いに関し，文法と語用論の機能
分担に基づく説明方法を検討します。

4.1.　一方向的な階層に基づく説明方法

　最初に Lakoff (1976: 298–299) は，(44) を基に，記述内容

の豊かな名詞句を照応的に使うには，Dirksen といった人名など
の指示表現が先行詞に要求され，そのような人名がない場合は，
the Illinois Republican が the man with silver hair の先行詞に
はならないと指摘しています。

   (45) *(We let Dirksen$_i$ into the house.) The Illinois Repub-
        lican$_{(i)}$ entered ... and the man with silver hair$_{(i)}$ began
        to make a speech.

ここから，当該の名詞句は先行詞に内容を追加しますが，それ自
体は特定の人を指さないことが分かります。また Lakoff (1976:
295) は，(46) のように名前のような指示表現が最も先行詞に相
応しく，次に記述内容の豊かな定名詞句，さらに記述内容の薄い
定名詞句，最後に代名詞が位置し，右に進むほど照応表現に向く
という階層を提案しています。

   (46)   先行詞向き   照応表現向き
        名前 ＞ 内容の豊かな
                 定名詞句 ＞ 内容の薄い
                            定名詞句 ＞ 代名詞

  同様の階層は Levinson (2000: 268-270) も示しています。
Levinson は，(46b) より (46a) の方が，二番目の名詞句の意味
が薄く，特に前提を要せずに照応的に読めるため，意味が薄い名
詞句ほど照応に向き，空所が照応に最適と考えます。

   (47) a. The professor rubbed his eyes. The man looked
          weary.

　　　b.　The man looked weary.　The professor rubbed his
　　　　　eyes.

(48)　John came in {a. and he sat down / b. and ___ sat
　　　down}.

Levinson は，(48a) の代名詞は文外の John 以外の人を指す読
みも許すのに対し，(48b) の空所は John と照応する読みが義務
的になるため，最も意味が薄いというより，表現上の意味がない
空所が照応表現に最適とし，(49) の階層を提案しています。
(46) と同じく，(49) でも右の表現ほど照応表現に向くという意
味です。

(49)　意味の一般性 (semantic generality) の階層
　　　語彙名詞句　＞　代名詞　＞　空所

　Levinson (2000) は，次のように，語類とは独立して適用され
る照応表現に関する語用論的原則を提案しています。

(50)　（談話内で）言及される指示対象の数を増やす解釈は避
　　　けよ。原文：Avoid interpretations that multiply enti-
　　　ties referred to.

これは照応とは何かを考えるうえで，最も単純化した答えの一つ
と考えられます。つまり，名詞句や代名詞を談話内で使う際に，
それは指示対象を新しく導入しないという約束を照応と考えるわ
けです。この原則は (49) の階層で代名詞や空所のように比較的
意味が薄い表現に適用されることになります。このため，照応は
文法の問題ではなくなり，語用論の問題に還元されていきます。

しかし，照応の種類を細かく見ていくと，(49) に合わないもの
が出てきます。

4.2.　階層に基づく説明の代案に向けて

　まず，このように各種の照応表現を一直線に並べる方法には問
題があります。照応的な空所は主語の特徴であり，照応表現一般
に適用できません。(33) で見た代名詞と語彙名詞句の文法機能
の違いも考慮外です。(49) では名詞句の意味の濃さと文法機能
の有無という異質な二つの基準が混在したまま，空所が他の表現
と同列に扱われています。

　名詞句の意味の濃さも厄介です。確かに man より professor
の方が名詞の意味は濃いでしょう。でも，(25a) の strange
creature と mammal は，どちらが意味が濃いでしょうか。
strange のような評価的形容詞は照応表現に向きますが，(49) に
従うと，strange は名詞句の意味を濃くするか，それとも意味を
薄くすると言うべきか決め難いです。

　Levinson (2000: 277) も意味が濃くても照応的な名詞句を認
めていますが，例外扱いです。(32) のように意味内容が豊かな
照応表現は，(49) の階層からは最も説明しにくく，逆に，新規
の説明が最も強く求められる用法でもあります。

　この種の定名詞句は人物紹介の文脈の特徴であり，学術論文や
行政文書では見られず，スポーツ記事，人物伝，芸能ゴシップに
偏って観察されます。それ自体では照応に向かない表現を照応的
に使うには，不適なところを適性に変える文脈設定が欠かせない
わけです。

　読者の役割が学術論文や行政文書とスポーツ記事，伝記，芸能

ゴシップでは違います。前者では，読者は登場人物に追加的な情報を求めませんが，後者では登場人物について，より多くの情報を求めてきます。学術論文等では，個人の発言や行動を，その人の特定の側面に結びつけることはありませんが，スポーツ記事等では，登場人物について多様な読者からの Who is she/he? といった質問に答える必要があり，登場人物の発言や行動を，その人の年齢や職業などに結びつけて表すことになります。

　このような聞き手の質問の想定は語用論の問題であり，この機能を照応表現に担わせるには，文法機能が弱い照応表現を選ぶ必要があります。このため，西田（2017），Nishida（2019）で指摘したように，特定化の照応表現は 8 割以上が主語位置に偏ります。要するに，文中で文法機能が最も少ないところに聞き手への情報提供という談話構成の機能が偏ることになります。これは次のような二律背反の関係として把握されます。

(51)　照応表現の機能分担の原則：照応表現は文法機能と情報提供機能の両方を兼ね備えてはいけない。

　　　a.　聞き手への情報提供に資する照応表現は，文法機能は単純にすべし。

　　　b.　文法機能に資する照応表現は，聞き手への情報提供は単純にすべし。

(51) の文法機能とは，文内でことばとことばの関係を示す機能のことです。文法機能重視の照応表現で最も単純な例は，his car の his といった所有格です。所有格は一つの名詞句の内に his の指示対象と car の指示対象を所有関係で結びつけます。言い換えると，his は，先行文脈で言及された男性を次の言及の際に何か

の所有者という別の役割で再登場させるという機能を1語で果たします。これは人称代名詞の所有格にしかできません。

　話者指示詞の用法も代名詞の専属ですが，文内で他のことばの代用をなす点で文法機能重視だからです。話者指示詞は主節主語が著す人にとって一人称代名詞の代用となり，その情報には聞き手には新しいものはありません。

　文内で他のことばと結びつく照応表現は，文法機能を果たすため，文法を内蔵した代名詞が優先されます。Lakoff も Levinson も，代名詞と定名詞句を同じ基準で一直線に並べようとした点に無理がありました。両者は，それぞれ使う理由が違い，得意とする表現内容も違うからです。

4.3. 機能分担に基づく説明の応用

　3.2.5 節で見たように，評価的な定名詞句は照応的に使いやすく，代名詞に似た部分があります。では，評価的な意味の定名詞句は，なぜ代名詞に似ているのでしょうか。これに答えるヒントを Declerck (1978) が与えてくれます。

(52)　A:　Did John$_i$ break any cups or plates in the kitchen?

　　　 B:　a.　Though the idiot$_i$ broke a cup, he$_i$ did not break any plates.

　　　　　 b.　Though he$_i$ broke a cup, the idiot$_i$ did not break any plates.

Declerck (1978: 61) によれば，(52A) に対する返答では (52B-a) は普通でも (52B-b) は不自然です。(52B-a) の前半は It was idiotic of him to break a cup. を含意し，私たちの常識に合致し

ますが，(52B-b) の後半は It was idiotic of him not to break a plate. を含意し，私たちの常識に合致しないからです。評価的な照応表現は，「彼が愚か者だからコップを割った，または彼がコップを割ったのが愚かしかった」のように解釈され，当該表現の先行詞が前の文で愚かな行為の行為者として主語になっていることを間接的に示します。つまり，the idiot のような評価的定名詞句は先行詞の指示対象について別の節での文法的役割を示唆します。同じ定名詞句の照応表現でも評価的なものと (32) のような意味内容が豊かなものは，この点で違い，後者からは当該照応表現の先行詞の文法的役割が示唆されません。

　代名詞的照応表現の特徴は，先行詞に別の節での文法的役割を与えることであり，評価的定名詞句も間接的ながら，先行詞の指示対象に別の節での役割を与えるので，その分，代名詞的に使える余地があり，特定化の照応的定名詞句より代名詞に近いことになります。

5.　照応研究と英語学習の関係

　英語を日本語に訳すとき，代名詞は基本的に訳しません。これは代名詞に相当する語がない日本語から見ると，代名詞は文法上，重要ですが，情報面では言わなくても分かることを言っていることになります。一方，定名詞句と不定名詞句は，名詞句の内容があるので，日本語に訳しても省かれません。ただ，日本語には the にも a(n) にも直接対応することばがなく，英語の談話照応の理解には日本語訳はあまり有効ではありません。

　英語に比べ，日本語では照応表現に頼らず同じ表現を繰り返す

という違いもあります。渡部 (2006: 107-108) が指摘するとおり，英語では the planet が Earth を受ける読みがありますが，日本語では「この惑星」にしても「その惑星」にしても地球以外の天体を指す読みしかありません。

(53) a. In late August, a wave of radiation that began twenty thousand light years from Earth$_i$ hit the planet$_i$'s upper atmosphere.

b. 八月の末，地球から二万年光年離れたところで発せられた波動が，{この / その} 惑星の大気圏上層部に衝突した。

この違いの原因は即答できませんが，英語では日本語より照応が深く文法に関与していることは明らかです。

　すでに見たとおり，代名詞と定名詞句は照応表現として文脈の理解に欠かせません。文脈を読み解かせる学習用の問題を Oshima and Hogue (2013: 82) から部分的に引用しておきます。これは実際の大学生用の英語のテキストです。

(54) 1. To celebrate the occasion, Mr. X decided to throw a big party at the plant.

2. Mr. X went from his native land to a new country to manage a milk pasteurization plant.

3. Then one day an impressive new pasteurization unit arrived and was installed.

4. The employees did most of the planning and draped the new unit with garlands.

5. For eight months, he tried every way possible to convince his workers of the importance of punctuality and of checking every detail of their work.

6. The response was always, "Yes, yes, we will do our best," but nothing ever changed.

これらの文の順番を入れ替えて意味が通る談話を再構成せよという課題です。市販されている教材なので，ここに解答を記すことは控えますが，不定名詞句を伴う (54-2) から始まり，下線を引いた定名詞句が再構成のヒントになります。文脈の理解に照応表現の理解が役に立つということです。

　何語でも同じと思いますが，英語の理解では2種類の思考の回路が区別できます。一つは単語やイディオムが分からないという問題で，たいてい，辞書やネット検索で解決します。もう一つは文脈の流れの理解に関する問題で，最も単純な具体化は「この代名詞は誰のことですか」といった問題です。これは単語自体は簡単でも内容が変わるので，最初の問題とは違い，検索に頼っても解決しません。

　この2種類の思考回路は英語学習の課題にとどまらず，ことばに対する二つの考え方の問題でもあり，AI に取って代わられない語学力とは何かという問題でもあります。

　今は電子辞書やネット検索も普及しており，知らない単語が出てきて意味が分からないままということが一般の読書ではまずありません。たとえば，defalcate や phylogeny といった単語は知らない人もいるでしょう。とはいえ，そのような知識の不足はスマホ一つで簡単に解決します。しかし，パッと開いた本に出てき

た the big mistake が何のことかという問題は，ネット検索等では解決しません。当該のテキストを遡って読む以外の解決策がないからです。

AI の進化と普及により，文法についても今後ますます学習者の負担が軽減されていくでしょう。自動翻訳も精度が高く，英語学習者が自分で語彙と文法を駆使して英作文する苦労から解放される日も近いと思います。

AI が進化してもなお，談話の一貫性の理解では人の目で読む方が速く，正確です。たとえば，談話内の表現が前に出ていたどの表現と，どのような同一関係を持つかといった判断は，AI の恩恵が少ないところです。言い換えると，テキストを読み進め，当該表現に個別の文脈に応じた意味を与えるという人間の手作業が機械化されずに残らざるを得ない知識の在り方に照応表現は属すと考えられます。

6. 結論：理論的考察と教育的応用

Postal（1969）や Lyons（1999）に代表される立場に，代名詞と定名詞句は定性のある表現として同根で，代名詞は定冠詞の一種という説があります。これは同じ機能を担う表現群は同じ語類にまとめるべきとする説です。これに対し，本章は，機能と語類を区別し，表現上の機能は特徴の異なる語類間で競争し，選ばれた語類が担うと考えます。談話上の指示対象を後続文脈に引き継ぐ機能は一定ではなく，先行詞との繰り返しを避ける，先行詞の指示対象に文法的役割を与える，先行詞の指示対象について情報を追加するといった他の多様な機能と結びついているからです。

　比喩的には，代名詞と定名詞句は，同じ業界でもそれぞれ得意先が違うため統合されず，競争と選択に面したライバル企業の関係です。バスとタクシーは重複する機能もありますが，大人数を区別なく決まったルートで運ぶバスは文法的な代名詞の照応に，個別の要望に応じて個人を運ぶタクシーは語用論的な定名詞句の照応に類しています。

　Ariel（2010）は，文法と語用論の区別を論じ，両者はことばで決まった意味を表し，決まった解釈を導く点では同じでも，文法は個別言語の各語彙に予め記載された情報を引き出す際の約束であり，語用論は各文脈で，その場の事情に応じた推論を導く際の原則のことと定義しています。

　代名詞と定名詞句の違いは，Ariel の意味で，文法寄りか語用論寄りかという観点から理解できます。代名詞も定名詞句も個々の談話で先行詞を探す手続きを伴います。ただ，代名詞は閉じた語類に属し，先行詞の選び方，先行詞が収まる範囲，先行詞の指示対象に与える文法的役割などが規則で決められています。一方，定名詞句は開かれた語類であり，予め表現が指定できません。そのため，先行詞の選び方や範囲，その指示対象の役割などは文法に収まらず，各文脈で推論するしかありません。その際，言語間で共通とも言える（50）の原則に従い，前の文脈との一貫性を保証する指示表現を探す推論が有効です。同じ照応表現でも，使い方が代名詞は文法寄りで，定名詞句は語用論寄りです。

　最後に，本章に英語学習に資する結論を与えると，当該の文脈でこの表現は何を受けるかという問題には，代名詞に関しては文法を頼りに，定名詞句に関しては語用論を頼りにするという先行詞探しのストラテジーの選択が合理的です。

あ と が き

　本書に所収の論考をお読みになられて，「書籍タイトルと内容が合致しない」と感じられた方がおられるかもしれません。実のところ，企画を開始して以降，当初のねらい通りに物事を進行することの難しさを感じざるを得ないことがあり，この矛盾する側面にどのように対処すべきかには苦慮してまいりました。

　そもそも，文法ということば自体，その包摂する概念が極めて射程の広いものです。一般的には，受験参考書などで解説される「学校英文法」のイメージが強いものと思われます。そうした書籍では，語彙の用法，構文，綴り，発音などの説明が与えられるのが通例であり，文語・口語の日本語文法と古典の文法を含めて，こうしたものが文法であるとする見方が広く行きわたっているのではないでしょうか。

　しかし，限定された用法では人間の脳内に備わった記号体系の操作のみを指すものとして用いられています。とりわけ理論言語学（といっても，いろいろありますが）を学んだことがある人であれば，この限定された用法にも馴染みがあると思われます。

　他方，文体と音韻情報も含めた状況依存型の語彙・表現の使用実態に対しても文法という用語が用いられることがあります。たとえば，新聞報道の文体やレシピに用いられる文体には独自のものがあり，これらのような場面や状況に依存している特定のジャンルのものに対して「ジャーナリスト文法」「レシピ文法」と名付け，行われている研究も存在します。

　本書の立場はこうした両極端の立場の中間を幅広く捉えたものであると理解していただきたいと思います。つまり，語彙の問題から文化の問題にいたるまで，それらをすべて含めて「文法」であると考えるわけです。かなり大雑把な暴論ではありますが，特定の表現形式が認められるか認められないかを，あらゆる角度から考察すること，これを文法の問題として規定するわけです。

　ここで注意していただきたいのは，本書の「はしがき」でも触れるところがあった，言語学研究の大前提である統語論・意味論・語用論という区分を否定するわけではないということです。分野の区別には留意しつつ，あくまでも暫定的に文法研究の対象として多種多様なものを含めてみるということです。細かく細分化された研究上の下位分野を，トランプの札や麻雀牌をまぜるようにすることを想像していただくとわかりやすいかと思います。俗にシャッフルすると呼ばれる操作です。

　そうしたある種「考察対象を混ぜ合わせる」行為によって見えてくることがあります。そこには，近年の進化言語学で述べられているような「言語はコミュニケーションの手段として獲得され進化したわけではない」という高尚な研究上の仮説とは異なる見解，つまり「コミュニケーションの道具であることこそが言語の存在意義である」という極めて素朴な捉え方に立ち返ることが必要であるという視点です。

　こうした視点から再考してみると，本書で取り上げられている現象はすべて「当該文脈における言語表現の選好性」に関わるものであり，それらの性質を示そうとする試みであることがわかると思います。文化的タテマエ，省略，脱規範，照応関係，副詞類の位置のいずれもが，談話の問題，ひいては語用論的問題と無関

係ではありません。能力と運用の線引きに厳密な態度を取る生成文法的な立場からは相容れないものですが，知識の総体の一部として言語を捉え，その現実的な有り様を考察するということです。

　かなり大風呂敷を広げてしまいましたが，こうした視点から本書を読んでいただければ執筆者一同の幸甚であります。

　半世紀近く前に流行した言い回しに「カニバケツ」という表現があります。これは，大きなバケツのなかにたくさんの蟹を入れておくと，我先にとばかりに外に出ようとする蟹に他の蟹がぶら下がることによって，上の蟹がずり落ちてしまい，後続する蟹にも同じことが繰り返されて，結果的に外に出られる蟹がいない状態になってしまうというものです。

　日本の人文科学系の学問分野が閉塞状態に陥っているということが言われるようになって久しいのですが，その要因の一つにはこうしたカニバケツ状態があるように思われます。お互いの足を引っ張りあうことで，成長の芽を摘んでしまっているのです。

　閉塞状況を打破するためには，近年話題になった表現ですが，「ファーストペンギン」の存在が重要です。海洋にはシャチやアザラシなど，ペンギンを捕食する生物がいて危険な状態ですが，危険を冒して最初に飛び込むペンギンがいるために，他のペンギンが続々と飛び込むことができ，結果的に餌となる生物を得ることができるのです。ファーストペンギンが賢なのか愚なのかは意見が分かれると言われていますが，学術研究においてもファーストペンギンの存在は極めて重要でしょう。

　本書がファーストペンギンになりうるものであるとまでは言い

ませんが，第 3 ペンギンぐらいの存在になることを願いつつ，本書を終えたいと思います。

2023 年 8 月

吉田　幸治

参 考 文 献

Aarts, Bas（2007）*Syntactic Gradience: The Nature of Grammatical Indeterminacy*, Oxford University Press, New York.

Aijmer, Karin（2013）"Analyzing Modal Adverbs as Modal Particles and Discourse Markers," *Discourse Markers and Modal Particles: Categorization and Description*, ed. by Liesbeth Degand, Bert Cornillie and Paola Pietrandrea, 89–106, John Benjamins, Amsterdam.

Ariel, Mira（1990）*Accessing Noun-Phrase Antecedents*, Routledge, New York.

Ariel, Mira（2010）*Defining Pragmatics*, Cambridge University Press, Cambridge.

Authier, J.-Marc（1992）"Iterated CPs and Embedded Topicalization," *Linguistic Inquiry* 23, 329–336.

Baker, Carl L.（1995）"Contrast, Discourse Prominence, and Intensification, with Special Reference to Locally Free Reflexives in British English," *Language* 71, 63–101.

Beeching, Kate（2016）"*Alors/donc/then* at the Right Periphery: Seeking Confirmation of an Inference," *Journal of Historical Pragmatics* 17, 208–230.

Beeching, Kate and Ulrich Detges（2014）*Discourse Functions at the Left and Right Periphery: Crosslinguistic Investigations of Language Use and Language Change*, Brill, Leiden.

Bergh, Gunnar（1998）"Double Prepositions in English," *Advances in English Historical Linguistics*, ed. by J. Fisak and M. Krygier, 1–13, Mouton, Berlin and New York.

Biber, Douglas, Stig Johansson, Geoffrey Leech and Susan Conrad（1999）*Longman Grammar of Spoken and Written English*, Pearson, Harlow.

Bolinger, Dwight（1972a）*Degree Words*, Mouton, The Hague.

Bolinger, Dwight (1972b) *That's That*, Mouton, The Hague.

Bolinger, Dwight (1977) *Meaning and Form*, Longman, London.

Bouchard, Denis (2002) *Adjectives, Number and Interfaces: Why Languages Vary*, Elsevier, Amsterdam.

Brinton, Laurel J. (1995) "Non-anaphoric Reflexives in Free Indirect Style: Expressing the Subjectivity of the Non-speaker," *Subjectivity and Subjectivisation*, ed. by Dieter Stein and Susan Wright, 173–194, Cambridge University Press, Cambridge.

Brinton, Laurel J. (2008) *The Comment Clause in English: Syntactic Origins and Pragmatic Development*, Cambridge University Press, Cambridge.

Büring, Daniel (2005) *Binding Theory*, Cambridge University Press, Cambridge.

Burns, Tom (1953) "Friends, Enemies, and the Polite Fiction," *American Sociological Review* 18, 654–662.

Burton-Roberts, Noel (2005) "Parentheticals," *Encyclopedia of Language and Linguistics*, 2nd ed., vol. 9, 179–182, Elsevier, Amsterdam.

Casasanto, Laura Staum and Ivan A. Sag (2008) "The Advantage of the Ungrammatical," *Proceedings of the Annual Meeting of the Cognitive Science Society* 30, 601–606.

Chafe, Wallace (1976) "Givenness, Contrastiveness, Definiteness, Subjects, Topics, and Point of View," *Subject and Topic*, ed. by Charles N. Li, 25–56, Academic Press, New York.

Clark, Herbert H. (1975) "Bridging," *Theoretical Issues in Natural Language Processing*, ed. by Roger C. Schank and Bonnie L. Nash-Webber, 169–174, Association for Computing Machinery, New York.

Corum, Claudia (1975) "A Pragmatic Analysis of Parenthetic Adjuncts," *Papers from the Eleventh Regional Meeting Chicago Linguistic Society*, ed. by Robin E. Grossman, L. James San and Timothy J. Vance, 133–141.

Declerck, Renaat (1978) "A Note on Evaluative Nouns and Relativization," *Journal of Linguistics* 14, 59–76.

Dehé, Nicole (2014) *Parentheticals in Spoken English: The Syntax-prosody Relation*, Cambridge University Press, Cambridge.

Dehé, Nicole and Yordanka Kavalova (2007) *Parentheticals*, John Benjamins, Amsterdam.

Denison, David (1993) *English Historical Syntax*, Longman, London.

Denison, David (1999) "Syntax," *The Cambridge History of the English Language, Volume IV, 1776-1997*, ed. by Suzanne Romaine, 92-329, Cambridge University Press, Cambridge.

Diessel, Holger (2005) "Competing Motivations for the Ordering of Main and Adverbial Clauses," *Linguistics* 43(3), 449-470.

Dinsmore, John (1991) *Partitioned Representations: A Study in Mental Representation, Language Understanding and Linguistic Structure*, Kluwer, Dortrecht.

Dixon, R. M. W. (1982) *Where Have All the Adjectives Gone?*, Mouton, Berlin.

Dixon, Robert M. W. (2005) *A Semantic Approach to English Grammar*, Oxford University Press, Oxford.

Doherty, Monika (1987) "Perhaps," *Folia Linguistica* 21, 45-65.

Dubinsky, Stanley and Robert Hamilton (1998) "Epithets as Antilogophoric Pronouns," *Linguistic Inquiry* 29, 685-693.

Epstein, Richard (2002) "The Definite Article, Accessibility, and the Construction of Discourse Referents," *Cognitive Linguistics* 12, 333-378.

Erku, Feride and Jeanette K. Gundel (1987) "Indirect Anaphors," *The Pragmatic Perspective*, ed. by Jef Verschueren and Marcella Bertuccelli-Papi, 533-546, John Benjamins, Amsterdam.

Ernst, Thomas (2009) "Speaker-oriented Adverbs," *Natural Language and Linguistic Theory* 27, 497-544.

Erteshick-Shir, Nomi (2009) *Information Structure: The Syntax-Discourse Interface*, Oxford University Press, Oxford.

Fiengo, Robert and Robert May (2006) *De Lingua Belief*, MIT Press, Cambridge, MA.

Ford, Cecilia E. (1993) *Grammar in Interaction: Adverbial Clauses in American English Conversations*, Cambridge University Press,

Cambridge.

Fox, Barbara A. (1987) *Discourse Structure and Anaphora: Written and Conversational English*, Cambridge University Press, Cambridge.

Francis, Gill (1994) "Labelling Discourse: An Aspect of Nominal-group Lexical Cohesion," *Advances in Written Text Analysis*, ed. by Malcolm Coulthard, 83–101, Routledge, London.

Freywald, Ulrike and Rita Finkbeiner (2018) "Exact Repetition or Total Reduplication? Exploring their Boundaries in Discourse and Grammar," *Exact Repetition in Grammar and Discourse*, ed. by Ulrike Freywald and Rita Finkbeiner, 3–28, Mouton, Berlin and New York.

藤田耕司 (2023)「ヒトの言語と動物のコミュニケーションの違い」『しゃべるヒト――ことばの不思議を科学する』, 菊澤律子・吉岡乾 (編著), 23–33, 文理閣, 京都.

Garner, Bryan A. (2003) *Garner's Modern American Usage*, 2nd ed., Oxford University Press, Oxford.

Geach, Peter Thomas (1962) *Reference and Generality: An Examination of Some Medieval and Modern Theories*, Cornell University Press, Ithaca, NY.

Givón, Talmy (1991) "Isomorphism in the Grammatical Code: Cognitive and Biological Considerations," *Studies in Language* 15(1), 85–114.

Goldberg, Adele E. and Ray Jackendoff (2004) "The English Resultative as a Family of Constructions," *Language* 80, 532–568.

Greenbaum, Sidney (1969) *Studies in English Adverbial Usage*, University of Miami Press, Coral Gables, FL.

Günther, Christine (2011) "Noun Ellipsis in English: Adjectival Modifiers and the Role of Context," *English Language and Linguistics* 15, 279–301.

Günther, Christine (2013) *The Elliptical Noun Phrase in English*: *Structure and Use*, Routledge, New York.

Haegeman, Liniane (2012) *Adverbial Clauses, Main Clause Phenomena, and the Composition of the Left Periphery*: *The Cartography of*

Syntactic Structures, Volume 8, Oxford University Press, Oxford.

Haik, Isabelle (1986) "Pronouns of Laziness," *NELS* 16, 197–216.

Haiman, John and Sandra A. Thompson (1988) *Clause Combining in Grammar and Discourse*, John Benjamins, Amsterdam.

Halliday, Michael A. K. (1967) "Notes on Transitivity and Theme in English: Part 1," *Journal of Linguistics* 3, 37–81.

Halliday, Michael A. K. (1970) "Functional Diversity in Language as Seen from a Consideration of Modality and Mood in English," *Foundations of Language* 6, 322–361.

Halliday, Michael A. K. and Ruqaiya Hasan (1976) *Cohesion in English*, Longman, London.

Halliday, Michael A. K. and Christian M. I. M. Matthiessen (2014) *Halliday's Introduction to Functional Grammar*, 4th ed., Routledge, Abingdon.

Haselow, Alexander (2011) "Discourse Marker and Modal Particle: The Functions of Utterance-final *Then* in Spoken English," *Journal of Pragmatics* 43, 3603–3623.

Haselow, Alexander (2012a) "Discourse Organization and the Rise of Final *Then* in the History of English," *English Historical Linguistics 2010. Selected Papers from the Sixteenth International Conference on English Historical Linguistics (ICEHL 16)*, *Pécs*, ed. by Irén Hegedüs and Alexandra Fodor, 153–175, John Benjamins, Amsterdam.

Haselow, Alexander (2012b) "Subjectivity, Intersubjectivity and the Negotiation of Common Ground in Spoken Discourse: Final Particles in English," *Language and Communication* 32, 182–204.

Haselow, Alexander (2013) "Arguing for a Wide Conception of Grammar: The Case of Final Particles in Spoken Discourse," *Folia Linguistica* 47, 375–424.

Heim, Irene (1982) *The Semantics of Definite and Indefinite Noun Phrases*, Doctoral dissertation, University of Massachusetts.

Hinds, John（著），西光義弘（注）(1986)『Situation vs. Person Focus（日本語らしさと英語らしさ）』くろしお出版，東京．

廣瀬幸生 (1997)「人を表すことばと照応」『指示と照応と否定』，中右実

（編），1-89，研究社，東京.

廣瀬幸生 (2009)「話者指示性と視点と対比：日英語再帰代名詞の意味拡張の仕組み」『「内」と「外」の言語学』，坪本篤朗・早瀬尚子・和田尚明（編），147-173，開拓社，東京.

Hooper, Joan B. and Sandra Thompson (1973) "On the Applicability of Root Transformations," *Linguistic Inquiry* 4, 465-497.

Horn, Laurence R. (2018) "The Lexical Clone: Pragmatics Prototypes, Productivity," *Exact Repetition in Grammar and Discourse*, ed. by Rita Finkbeiner and Ulrike Freywald, 233-264, Mouton, Berlin and New York.

Hoye, Leo (1997) *Adverbs and Modality in English*, Longman, London.

Huddleston, Rodney and Geoffrey K. Pullum (2002) *The Cambridge Grammar of the English Language*, Cambridge University Press, Cambridge.

池上嘉彦 (1981)『「する」と「なる」の言語学――言語と文化のタイポロジーへの試論』大修館書店，東京.

Jackendoff, Ray (2002) *Foundations of Language*, Oxford University Press, Oxford.［郡司隆男（訳）(2006)『言語の基盤』岩波書店，東京.］

Jespersen, Otto (1927) *A Modern English Grammar, on Historical Principles, Part III, Syntax, Second Volume*, George Allen and Unwin, London.

海寶康臣 (2002)「Prince (1981) の情報の分類をめぐって」『立命館言語文化研究』第 14 巻 3 号，133-137.

神尾昭雄 (1990)『情報のなわ張り理論』大修館書店，東京.

金澤俊吾 (2018)「英語における名詞句の反復に見られる意味的特徴について」日本英語学会第 36 回大会シンポジウム「名詞句をめぐる拡張の諸相」口頭発表.

神崎高明 (1994)『日英語代名詞の研究』研究社，東京.

Karttunen, Lauri (1969) "Pronouns and Variables," *CLS* 5, 108-116.

Karttunen, Lauri (1976) "Discourse Referents," *Syntax and Semantics 7: Notes from the Linguistic Underground*, ed. by James D. McCawley, 363-385, Academic Press, New York.

Kempson, Ruth（1986）"Definite NPs and Context Dependence: A Unified Theory of Anaphora," *Reasoning and Discourse Processes*, ed. by Terry Myers, Keith Brown and Brendan McGonigle, 209–240, Academic Press, London.

Kempson, Ruth（1988）"Grammar and Conversational Principles," *Linguistics: The Cambridge Survey, Volume 2*, ed. by Frederick J. Newmeyer, 139–163, Cambridge University Press, Cambridge.

金水敏・田窪行則（1990）「談話管理理論からみた日本語の指示詞」『認知科学の発展』vol. 3, 85–116, 講談社, 東京.

Kövecses, Zoltán（2010）*Metaphor: A Practical Introduction*, 2nd ed., Oxford University Press, Oxford.

Kuno, Susumu（1972）"Pronominalization, Reflexivization, and Direct Discourse," *Linguistic Inquiry* 3, 161–195.

黒田成幸（1979）「（コ）・ソ・アについて」『英語と日本語と――林栄一教授還暦記念論文集』, 林栄一教授還暦記念論文集刊行委員会（編）, 41–59, くろしお出版, 東京.

Lakoff, George（1976）"Pronouns and Reference," *Syntax and Semantics 7: Notes from the Linguistic Underground*, ed. by James D. McCawley, 275–335, Academic Press, New York.

Lambrecht, Knud（1994）*Information Structure and Sentence Form: Topic, Focus, and the Mental Representations of Discourse Referents*, Cambridge University Press, Cambridge.

Langacker, Ronald W.（1991）*Foundations of Cognitive Grammar Volume II*, Stanford University Press, Stanford.

Langacker, Ronald W.（2008）*Cognitive Grammar: A Basic Introduction*, Oxford University Press, Oxford.

Lenker, Ursula（2010）*Argument and Rhetoric: Adverbial Connectors in the History of English*, Mouton de Gruyter, Berlin.

Lenker, Ursula（2011）"A Focus on Adverbial Connectors: Connecting, Partitioning and Focusing Attention in the History of English," *Connectives in Synchrony and Diachrony in European Languages*, ed. by Anneli Meurman-Solin and Ursula Lenker, VARIENG, Helsinki. <http://www.helsinki.fi/varieng/series/volumes/08/lenker/>

Lenker, Ursula（2014）"Knitting and Splitting Information: Medial

208

Placement of Linking Adverbials in the History of English," *Contact, Variation, and Change in the History of English*, ed. by Simone E. Pfenninger, Olga Timofeeva, Anne-Christine Gardner, Alpo Honkapohja, Marianne Hundt and Daniel Schreier, 11–38, John Benjamins, Amsterdam.

Levinson, Stephen C. (2000) *Presumptive Meanings: The Theory of Generalized Conversational Implicature*, MIT Press, Cambridge, MA.

Liberman, Mark (2004) "Oops, I Did "THAT" Again," *Language Log*, June 26, 2004. <http://itre.cis.upenn.edu/~myl/languagelog/archives/001120.html>

Lyons, Christopher (1999) *Definiteness*, Cambridge University Press, Cambridge.

Lyons, John (1977) *Semantics 2*, Cambridge University Press, Cambridge.

Maes, Alfons A. (1996) *Nominal Anaphors, Markedness and the Coherence of Discourse*, Peeters, Leuven.

Matsui, Tomoko (2000) *Bridging and Relevance*, John Benjamins, Amsterdam.

Nishida, Koichi (2002) "On "Reflexive Indefinites" in English and Japanese," *English Linguistics* 19, 266–290.

Nishida, Koichi (2005) "Two Marked Types of Discourse Anaphora in English: An Extension of Levinson's (2000) Account," *English Linguistics* 22, 271–298.

西田光一 (2006)「英語の照応的名詞句と部分・全体の関係」『言葉の絆 —藤原保明博士還暦記念論文集』, 卯城祐司・太田聡・田中伸一・山田英二・太田一昭・滝沢直宏・西田光一（編), 228–241, 開拓社, 東京.

Nishida, Koichi (2011) "On Bound Pronoun-like Indefinites in English: An Extension of the Theory of Inter-N-bar Anaphora," *English Linguistics* 28, 23–55.

西田光一 (2013)「別の名詞句の指示対象の内面を表す英語の不定名詞句と代名詞について」『福岡言語学会40周年記念論文集』, 43–57, 九州大学出版会, 福岡.

西田光一（2017）「英語の記述内容の豊かな名詞句の同一指示用法と対話の定式化」『英語語法文法研究』第 24 号，87-102.

Nishida, Koichi（2019）"An Anaphora-based Review of the Grammar/Pragmatics Division of Labor," *BLS* 44, 213-227.

西田光一（2019）「英語の広告における定名詞句の表現効果」『英語語法文法研究』第 26 号，57-72.

西田光一（2021）「英語の怠惰代名詞に課せられる形式的制約の理由」『英語語法文法研究』第 28 号，65-71.

大村光弘（1997）「発話の階層構造に基づく CP 繰り返し現象の分析」『人文論集』48 巻 2 号，143-168，静岡大学.

Oshima, Alice and Ann Hogue（2013）*Longman Academic Writing Series Level 4 Student Book*（5E），Pearson Japan, Tokyo.

Partee, Barbara H.（1970）"Opacity, Coreference, and Pronouns," *Synthese* 21, 359-385.

Partridge, Eric（1994）*Usage and Abusage*, Penguin Books, London. Revised by Janet Whitcut.

Perkins, Michael R.（1983）*Modal Expressions in English*, Frances Pinter, London.

Perlmutter, David M.（1970）"On the Article in English," *Progress in Linguistics: A Collection of Papers*, ed. by Manfred Bierwisch and Karl E. Heidolph, 233-248, Mouton, The Hague.

Postal, Paul M.（1969）"On So-Called "Pronouns" in English," *Modern Studies in English*, ed. by David A. Reibel and Sanford A. Schane, 201-224, Prentice-Hall, Englewood Cliffs.

Postal, Paul M.（1970）"On Coreferential Complement Subject Deletion," *Linguistic Inquiry* 1, 439-500.

Poutsma, Hendrik（1928）*A Grammar of Late Modern English*, *Part I*, *The Sentence*, *First Half*, Noordhoff, Groningen.

Quirk, Randolph, Sidney Greenbaum, Geoffrey Leech, and Jan Svartvik（1985）*A Comprehensive Grammar of the English Language*, Longman, London.

Radden, Günter and René Dirven（2007）*Cognitive English Grammar*, John Benjamins, Amsterdam.

Radford, Andrew（2016）*Analysing English Sentences*, 2nd ed., Cam-

210

bridge University Press, Cambridge.

Radford, Andrew (2018) *Colloquial English: Structure and Variation*, Cambridge University Press, Cambridge.

Radford, Andrew, Claudia Felser and Oliver Boxwell (2012) "Preposition Copying and Pruning in Present-day English," *English Language and Linguistics* 16, 403–426.

Reinhart, Tanya (1983) *Anaphora and Semantic Interpretation*, Croom Helm, London.

Roberts, Craige (2003) "Uniqueness in Definite Noun Phrases," *Linguistics and Philosophy* 26, 287–350.

Rouchota, Villy (1998) "Procedural Meaning and Parenthetical Discourse Markers," *Discourse Markers: Descriptions and Theory*, ed. by Andreas H. Jucker and Yael Ziv, 97–126, John Benjamins, Amsterdam.

Sakamoto, Nancy and Reiko Naotsuka (1982) *Polite Fictions: Why Japanese and Americans Seem Rude to Each Other* (異文化間の理解と誤解), 金星堂, 東京.

Schmid, Hans-Jörg (2000) *English Abstract Nouns as Conceptual Shells: From Corpus to Cognition*, De Gruyter Mouton, Berlin.

Simon-Vandenbergen, Anne-Marie and Karin Aijmer (2007) *The Semantic Field of Modal Certainty: A Corpus-based Study of English Adverbs*, Mouton de Gruyter, Berlin.

Skirl, Helge (2007) "Metaphorical Anaphors: A Phenomenon of the Semantics-pragmatics Interface," *Anaphors in Text: Cognitive, Formal and Applied Approaches to Anaphoric Reference*, ed. by Monika Schwarz-Friesel, Manfred Consten and Mareile Knees, 103–120, John Benjamins, Amsterdam.

Sumiyoshi, Makoto (2008) "A Grammar of "A is when … construction"," *Setsunan Journal of English Education* 2, 13–31.

住吉誠 (2016)『談話のことば2 規範からの解放』研究社, 東京.

住吉誠 (2019)「動詞のパタンに見られる変則性」, 住吉誠・鈴木亨・西村義樹 (編), 70–87.

住吉誠 (2020)「common タイプ形容詞と It is Adj. that 節 /It is Adj. (for X) to V のパタンの親和性について」『英語実証研究の最前線』,

八木克正・神崎高明・梅咲敦子・友繁義典（編），98-115，開拓社，東京.

住吉誠（2023）「関係副詞 where が示す脱規範的汎用性 —— 英語における脱規範性・変則性を生む力についての一考察 ——」『エクス 言語文化論集』第 13 号，147-176，関西学院大学経済学部.

住吉誠・鈴木亨・西村義樹（編）（2019）『慣用表現・変則的表現から見える英語の姿』開拓社，東京.

Swan, Michael（2005）*Practical English Usage*, 3rd ed., Oxford University Press, Oxford.

Taglicht, Josef（1984）*Message and Emphasis: On Focus and Scope in English*, Longman, London.

Thompson, Sandra A.（1985）"Grammar and Written Discourse: Initial vs. Final Purpose Clauses in English," *Text* 5, 55-84.

Traugott, Elizabeth C.（1989）"On the Rise of Epistemic Meanings in English: An Example of Subjectification in Semantic Change," *Language* 65, 31-55.

Traugott, Elizabeth C.（1992）"Syntax," *The Cambridge History of the English Language, Volume I, The Beginnings to 1066*, ed. by Richard M. Hogg, 168-289, Cambridge University Press, Cambridge.

Traugott, Elizabeth C.（2010）"（Inter）subjectivity and（Inter）subjectification: A Reassessment," *Subjectification, Intersubjectification and Grammaticalization*, ed. by Kristin Davidse, Lieven Vandelanotte and Hubert Cuyckens, 29-71, Mouton de Gruyter, Berlin.

Traugott, Elizabeth C.（2014）"On the Function of the Epistemic Adverbs *Surely* and *No doubt* at the Left and Right Peripheries of the Clause," *Discourse Functions at the Left and Right Periphery: Crosslinguistic Investigations of Language Use and Language Change*, ed. by Kate Beeching and Ulrich Detges, 72-91, Brill, Leiden.

Traugott, Elizabeth C.（2016）"On the Rise of Types of Clause-final Pragmatic Markers in English," *Journal of Historical Pragmatics* 17, 26-54.

Traugott, Elizabeth C. and Richard Dasher（2002）*Regularity in Semantic Change*, Cambridge University Press, Cambridge.

辻本智子 (1996)「Deictic Compound：その定義と位置づけ」『英語語法文法研究』第 3 号，59-68.

内田聖二 (2000)「定冠詞の機能——関連性の視点から」『言語研究における機能主義——誌上討論会』，小泉保（編），105-124，くろしお出版，東京.

Umbach, Carla (2001) "(De)accenting Definite Descriptions," *Theoretical Linguistics* 27, 251-280.

Ungerer, Friedrich (1988) *Syntax der Englischen Adverbialien*, Niemeyer, Tübingen.

Ushie, Yukiko (1986) "Corepresentation: A Textual Function of the Indefinite Expression," *Text* 6, 427-446.

van Dijk, Teun A. (1977) *Text and Context: Explorations in the Semantics and Pragmatics of Discourse*, Longman, London.

van Hoek, Karen (1997) *Anaphora and Conceptual Structure*, University of Chicago Press, Chicago.

Villa-García, Julio (2019) "Recomplementation in English and Spanish: Delineating the CP Space," *Glossa* 4, 1-44.

渡部学 (2006)「日本語と英語におけるテキスト指示：日英談話構造比較の一視点」『日本語文法の新地平 3：複文・談話編』，益岡隆志・野田尚史・森山卓郎（編），99-117，くろしお出版，東京.

Watts, Richard J. (1984) "An Analysis of Epistemic Possibility and Probability," *English Studies* 65, 129-140.

Wechsler, Stephen (2015) *Word Meaning and Syntax*: *Approaches to the Interface*, Oxford University Press, Oxford.

八木克正 (1999)『英語の文法と語法——意味からのアプローチ』研究社，東京.

安原和也 (2012)「代名詞照応と英文法教育」『最新言語理論を英語教育に活用する』，藤田耕司・松本マスミ・児玉一宏・谷口一美（編），142-152，開拓社，東京.

Zribi-Hertz, A. (1989) "Anaphor Binding and Narrative Point of View: English Reflexive Pronouns in Sentence and Discourse," *Language* 65, 695-727.

コーパス

British National Corpus (BNC): https://www.english-corpora.org/bnc/
Corpus of American Soap Operas (SOAP):
　https://www.english-corpora.org/soap/
The Corpus of Contemporary American English (COCA):
　https://www.english-corpora.org/coca/

第5章の例文の出典

(4) Edwards, Mike (1997) "Joseph Rock: Our Man in China," *National Geographic* 191(1), p. 63.

(32) Beech, Hannah (2011) "Burning Desire for Freedom," *TIME* 178 (19), p. 22.

(39) *The Straits Times*, Wednesday, March 19, 2014, A14.

(42) Davis, Miles and Quincy Troupe (1990) *Miles: The Autobiography*, Simon & Schuster, New York, p. 23.

(43) Roberts, Susan B. and Betty Kelly Sargent (2010) *The "I" Diet: Use Your Instincts to Lose Weight and Keep it off without Feeling Hungry*, Workman Publishing Company, New York.

索　引

1. 日本語は五十音順に並べた。英語（で始まるもの）はアルファ
   ベット順で，最後に一括した。
2. 数字はページ数を表す。n は脚注を表す。

215

216

【執筆者紹介】（五十音順）

金澤 俊吾（かなざわ・しゅんご）
高知県立大学教授。専門は，英語学・言語学，特に意味論。主要業績：
「NP-V-NP-AP 構文の意味的性質について」（『英語語法文法研究』第 10
号，開拓社，2003），「いわゆる転移修飾表現再考」（『コーパスと英文法・
語法』英語コーパス研究シリーズ第 4 巻，ひつじ書房，2015），『語法と
理論との接続をめざして —— 英語の通時的・共時的広がりから考える 17
の論考』（共編著，ひつじ書房，2021），など。

鈴木 大介（すずき・だいすけ）
大阪大学専任講師。専門は，英語学・英語語法文法・英語史。主要業績：
"Form and Function of the Modal Adverbs: Recent Linguistic Change
and Constancy in British English" (*Linguistics* 53, 1365–1389, 2015),
"The Multifunctionality of 'Possible' Modal Adverbs: A Comparative
Look" (*Language* 93, 827–841, 2017), "The Semantics and Pragmat-
ics of Modal Adverbs: Grammaticalization and (Inter)subjectification
of perhaps" (*Lingua* 205, 40–53, 2018), など。

住吉 誠（すみよし・まこと）
関西学院大学教授。専門は，英語語法文法，フレイジオロジー，辞書学。
主要業績：『談話のことば 2 規範からの解放』（研究社，2016），『慣用
表現・変則的表現から見える英語の姿』（共編著，開拓社，2019），『コー
パス研究の展望』（共著，開拓社，2020），など。

西田 光一（にしだ・こういち）
山口県立大学教授。専門は，英語学・言語学，特に語用論。主要業績：
「英語の記述内容の豊かな名詞句の同一指示用法と対話の定式化」（『英語
語法文法研究』第 24 号，開拓社，2017），"An Anaphora-Based Review
of the Grammar/Pragmatics Division of Labor" (*Proceedings of the
Forty-Fourth Annual Meeting of the Berkeley Linguistics Society*, 2019)
「コロナの時代と対話」（『リスクコミュニケーション：排除の言説から共
生の対話へ』明石書店，2021），など。

吉田 幸治（よしだ・こうじ）
近畿大学教授。専門は，英語学・言語学。主要業績：「語頭子音が [ð] で始まる語の構造について」（『英語語法文法研究の新展開』英宝社，2005），「語末に添加される要素による中核的意味の変化」（『英語語法文法研究』第 28 号，開拓社，2021），「伝統的英文解釈指導の功と罪──必要なことと不必要なこと──」（『英語語法文法研究』第 29 号，開拓社，2023），など。

話し手・聞き手と言語表現
── 語用論と文法の接点 ──　　　　　　　　　　　　＜開拓社 言語・文化選書 101＞

2023 年 9 月 24 日　　第 1 版第 1 刷発行

編　者　　吉田幸治
著作者　　金澤俊吾・鈴木大介・住吉　誠・西田光一・吉田幸治
発行者　　武村哲司
印刷所　　日之出印刷株式会社

発行所　　　株式会社　開　拓　社
　　　　　　　　　　〒112-0013　東京都文京区音羽 1-22-16
　　　　　　　　　　電話　（03）5395-7101（代表）
　　　　　　　　　　振替　00160-8-39587
　　　　　　　　　　http://www.kaitakusha.co.jp

Ⓒ 2023 K. Yoshida et al.　　　　　ISBN978-4-7589-2601-0　C1382